Doc 611

L'encyclopédie Larousse des 6/9 ans

Le corps

Textes :

Docteur Pascale Borensztein

Illustrations :

Denis Horvath

Monique Gaudriault

Anne Wilsdorf

Direction de la publication : Philippe Merlet

Direction éditoriale : Françoise Vibert-Guigue, Nathalie Weil

Direction artistique : Frank Sérac

Lecture-correction : Jacqueline Peragallo

Fabrication : Jacques Lannoy

Conception graphique et réalisation : A noir / Simon de la Porte

L'encyclopédie Larousse des 6/9 ans

Le corps

LAROUSSE

Sommaire

Le corps

DE QUOI EST FAIT NOTRE CORPS ?

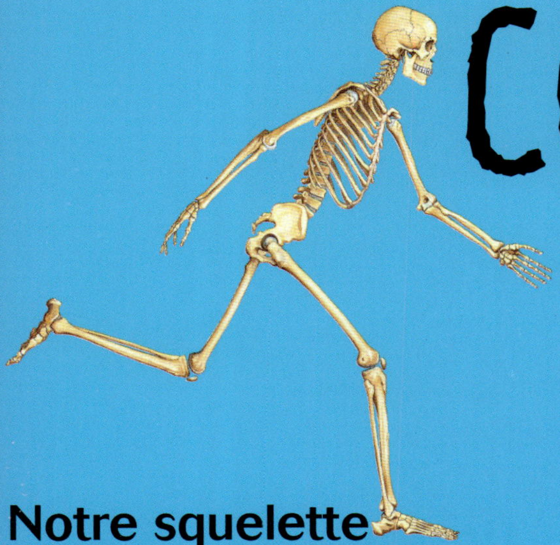

Notre squelette est formé de 206 os.

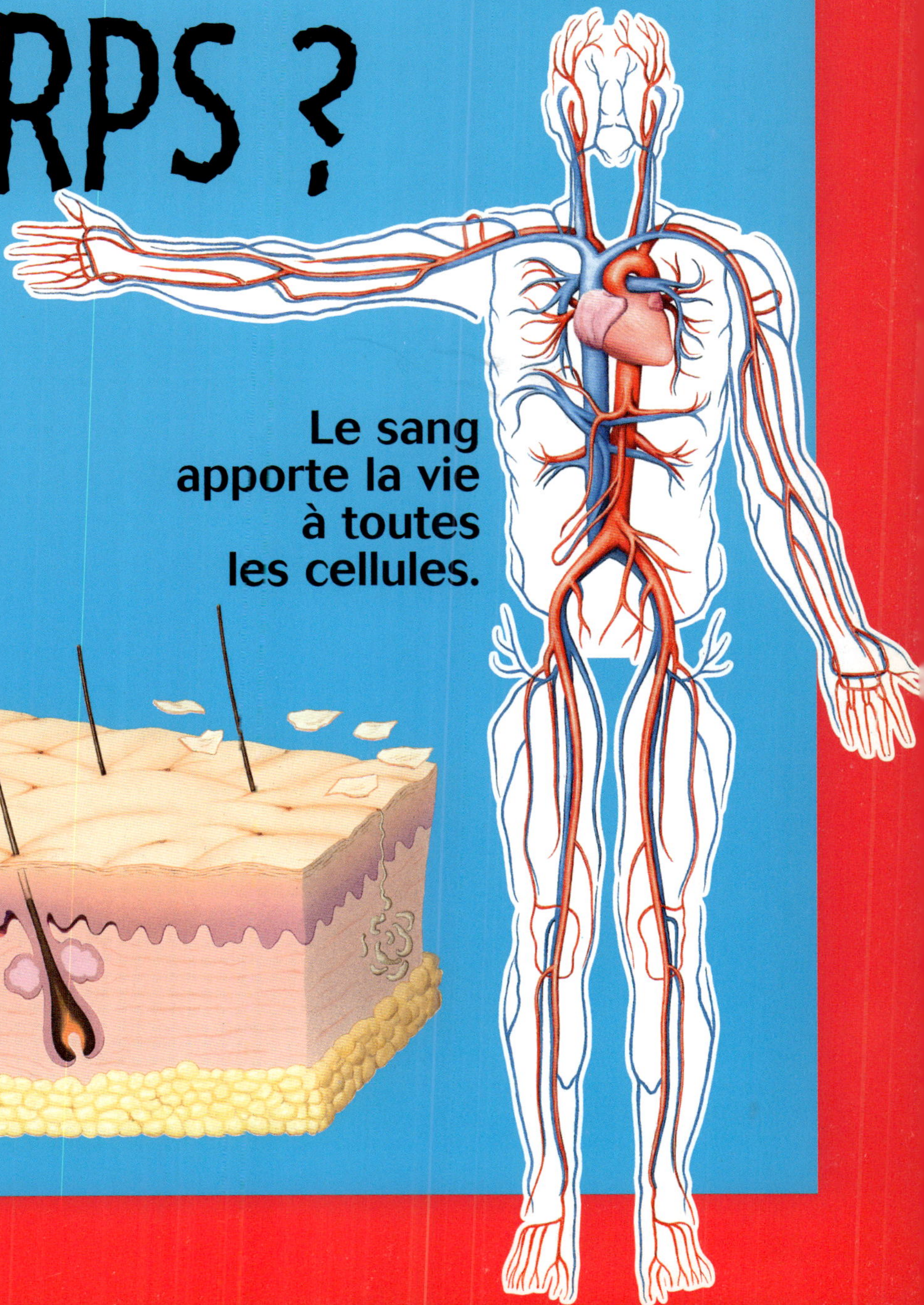

Le sang apporte la vie à toutes les cellules.

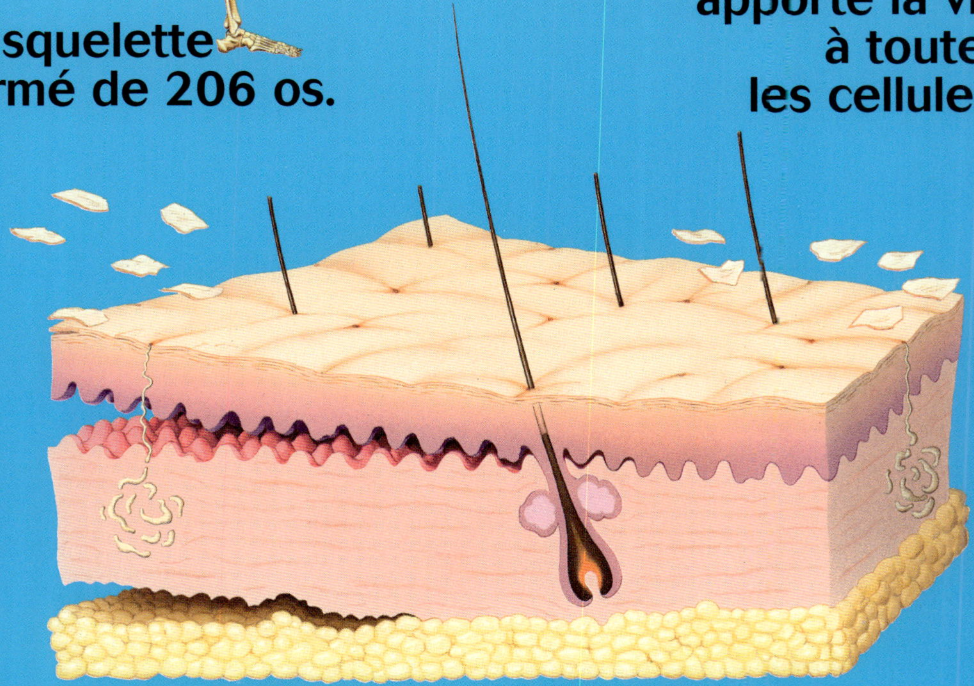

La peau nous protège.

Des milliards de cellules

Regardons autour de nous : les gens ont l'air tous différents. Pourtant, tous les hommes de la Terre sont faits de la même façon, avec les mêmes organes composés de milliards de cellules.

Le corps fait beaucoup de choses

Avec notre corps, nous mangeons, nous bougeons, nous courons, nous respirons, nous réfléchissons... Pour faire tout cela, notre corps utilise différents organes* : l'estomac, les intestins, les muscles, le cerveau... Tous ces organes sont eux-mêmes composés de milliards de minuscules éléments invisibles à l'œil nu : les cellules.

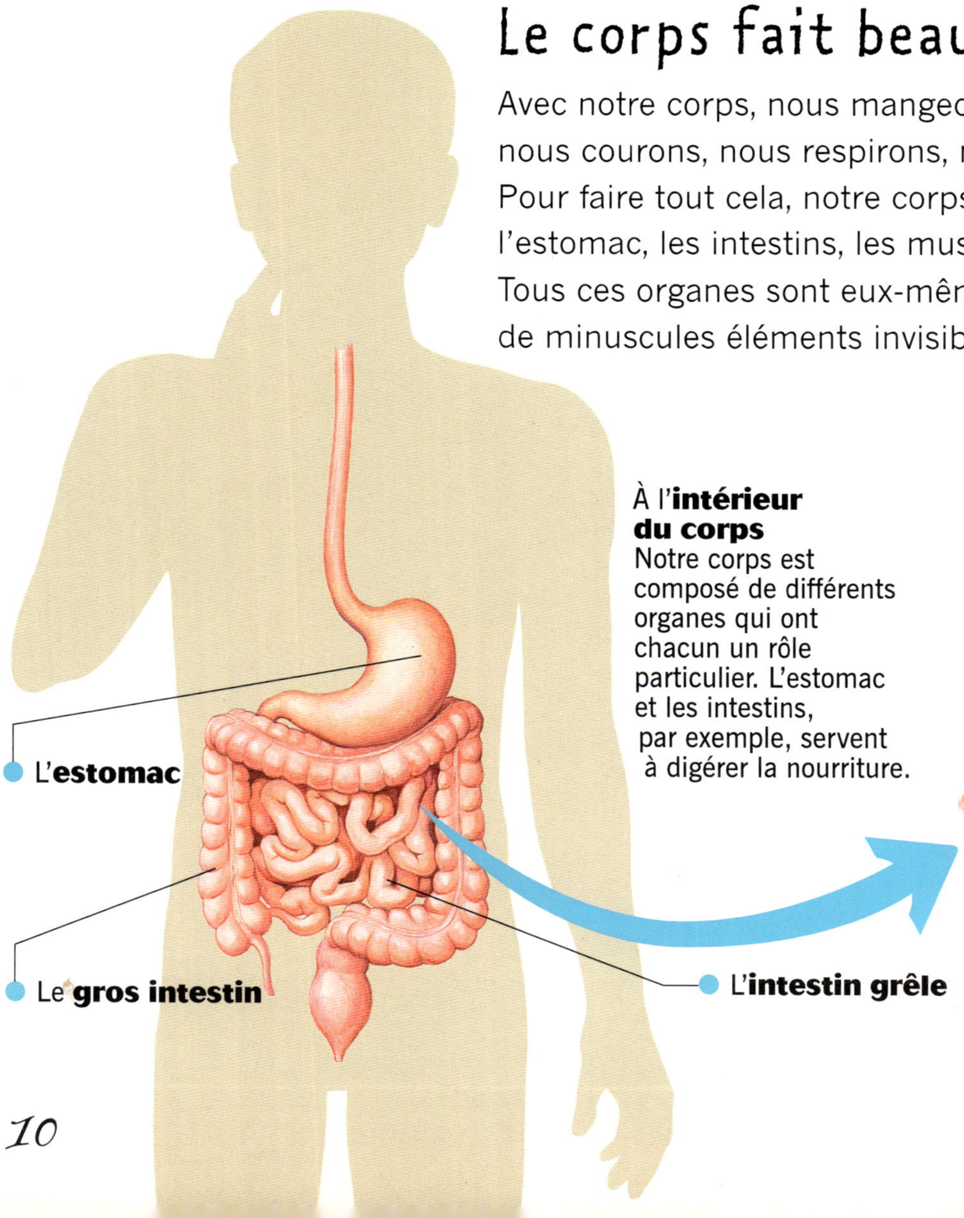

À l'**intérieur du corps**
Notre corps est composé de différents organes qui ont chacun un rôle particulier. L'estomac et les intestins, par exemple, servent à digérer la nourriture.

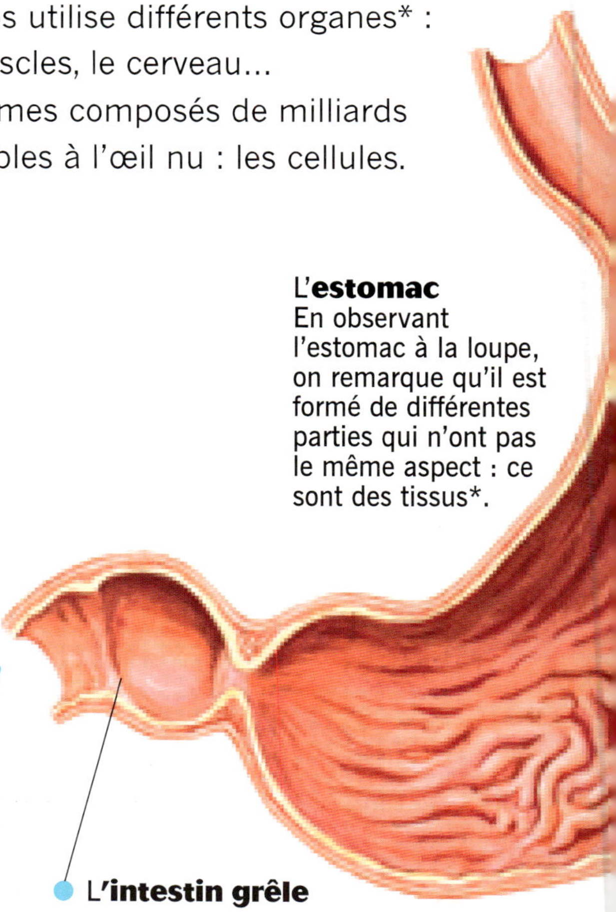

L'**estomac**
En observant l'estomac à la loupe, on remarque qu'il est formé de différentes parties qui n'ont pas le même aspect : ce sont des tissus*.

La plus petite partie du corps

Les cellules sont si petites qu'on ne peut les voir qu'au microscope. Ce sont les cellules qui font vivre le corps. Pour cela, elles ont besoin de nourriture et d'une substance contenue dans l'air : l'oxygène*. Les cellules n'ont pas toutes la même forme car, selon les endroits du corps où elles se trouvent, elles ont des rôles différents.

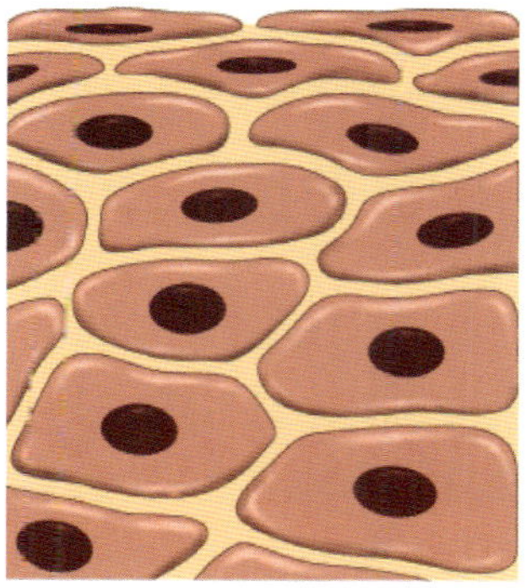

Les **cellules de la peau** sont serrées les unes contre les autres. Elles forment ainsi une barrière entre l'extérieur et l'intérieur du corps.

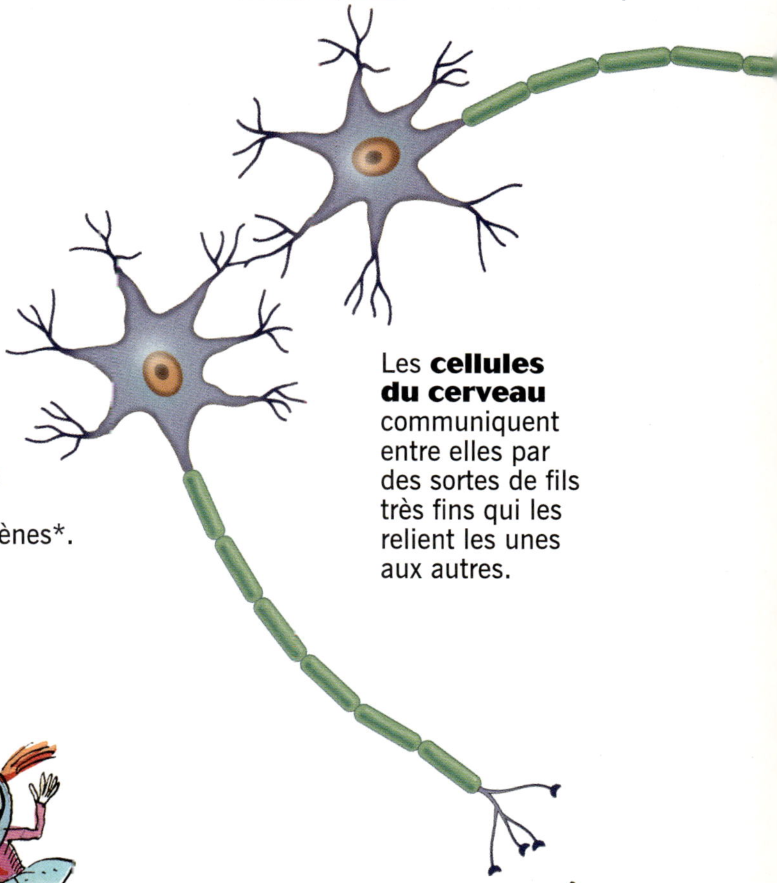

Les **cellules du cerveau** communiquent entre elles par des sortes de fils très fins qui les relient les unes aux autres.

Une **cellule d'estomac**
En observant un morceau d'estomac au microscope, on voit que chaque tissu de l'estomac est fait de millions de petites cellules identiques.

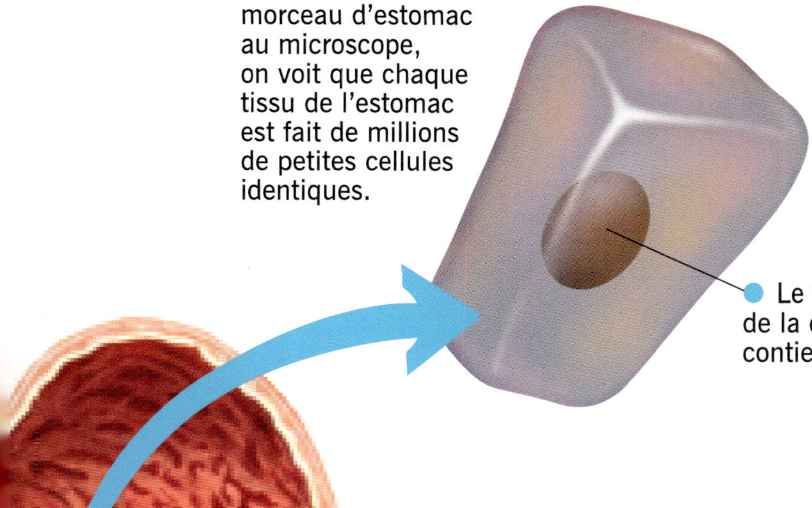
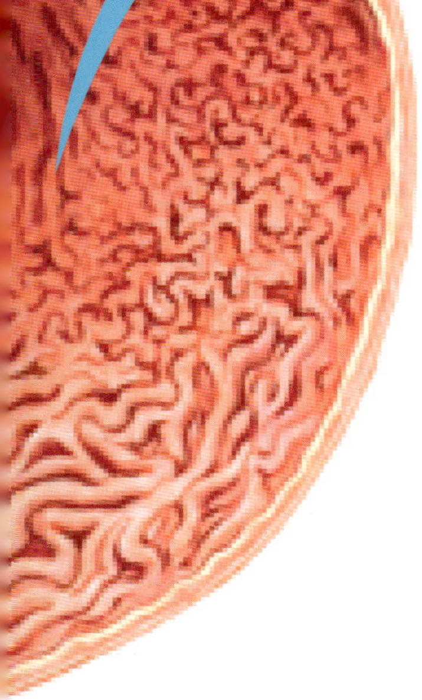

Le **noyau** de la cellule contient les gènes*.

Pourquoi sommes-nous tous différents ?
Chaque cellule du corps contient des gènes. Ceux-ci sont différents d'une personne à l'autre. Or ce sont les gènes qui déterminent nos caractéristiques.

Quelles caractéristiques?
La taille, par exemple, mais aussi la couleur des yeux, des cheveux, de la peau...

Pourquoi ressemblons-nous souvent à nos parents ?
Parce que nos gènes proviennent de chacun de nos deux parents.

Des kilos de peau

La peau enveloppe tout notre corps. Elle est souple et élastique. La peau protège l'intérieur du corps des poussières et des microbes.

● La peau est très fine. Son épaisseur est d'environ 1 mm. Chez un adulte, elle pèse jusqu'à 4 kg. Ce dessin représente la peau 100 fois plus grande qu'elle n'est.

LA PEAU EST FORMÉE DE 3 COUCHES SUPERPOSÉES

● Les **pores** sont des petits trous par lesquels la sueur sort.

● L'**épiderme** est la partie supérieure de la peau, celle que l'on peut toucher.

● **Le derme** est formé de fibres* souples qui empêchent la peau de se déchirer et la rendent élastique.

● La **graisse** protège le corps des chocs.

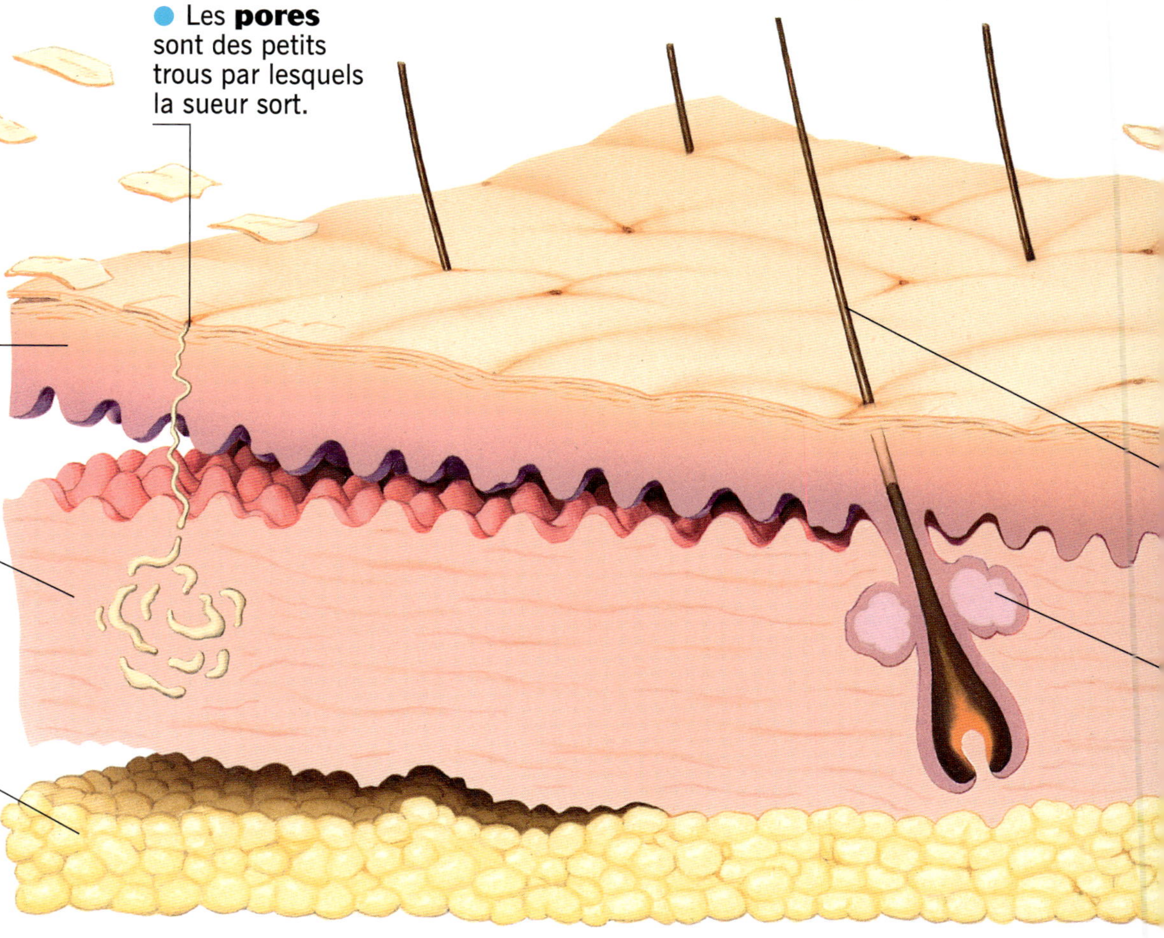

La peau protège le corps

La peau empêche les poussières et les microbes de pénétrer dans le corps. La partie supérieure de la peau est en effet composée de cellules très serrées qui forment une barrière entre l'extérieur et l'intérieur du corps. La peau permet aussi de garder le corps à la bonne température : quand on a de la fièvre ou qu'il fait chaud, la peau transpire ; la sueur emporte avec elle de la chaleur.

Les poils, les cheveux, les ongles

Les poils et les ongles font partie de la peau. Nous avons des poils sur tout le corps, sauf à l'intérieur des mains et sous les pieds. Les poils les plus visibles sont les cheveux, les sourcils et les cils. Les cheveux protègent la tête du froid et du soleil. Les sourcils et les cils protègent les yeux de l'eau et des poussières. Les ongles sont durs et solides : ils protègent le bout des doigts et des orteils.

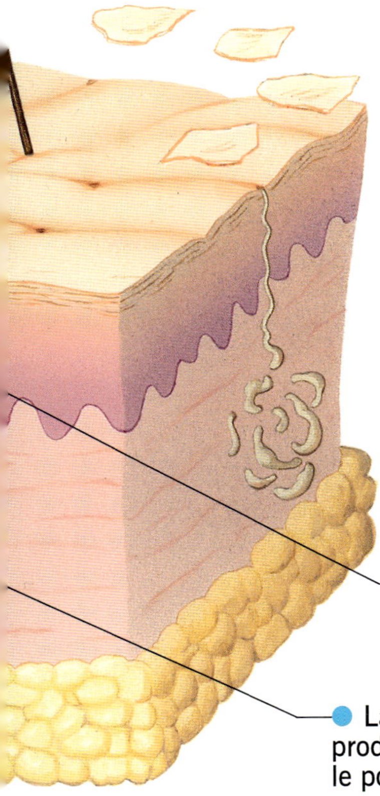

La peau se renouvelle sans cesse

Nous devons nous couper souvent les ongles et les cheveux car ils poussent en permanence. La peau aussi se renouvelle, sans que l'on s'en rende compte. La surface de la peau est constituée de cellules mortes qui tombent sans cesse et sont remplacées par des cellules neuves situées juste en dessous.

- Les **poils** poussent dans la peau. Nous en avons sur presque tout le corps.
- La **glande sébacée** produit une huile qui empêche le poil de se dessécher.

LA CICATRISATION

Pour réparer une coupure, la peau fabrique de nouvelles cellules : c'est la cicatrisation*.

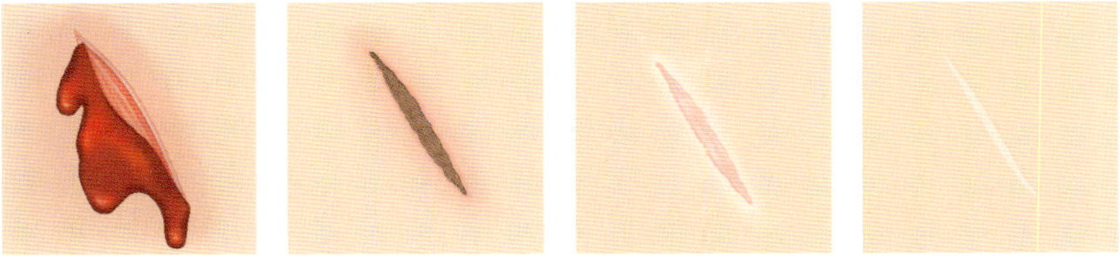

Coupure **Croûte** **Peau neuve** **Cicatrice**

? Pourquoi n'avons-nous pas tous la même couleur de peau ?

Les cellules de la peau contiennent une substance* de couleur brune : la mélanine. Quand la peau a beaucoup de mélanine, elle est foncée. Quand elle n'en a pas beaucoup, elle est blanche.

Alors, avoir la peau noire ou blanche, c'est juste une histoire de mélanine ?

Oui, et c'est également le cas quand on bronze au soleil : la peau fabrique plus de mélanine pour se protéger. C'est aussi la mélanine qui donne leur couleur aux cheveux.

Et les cheveux blancs ?

Quand on viellit, les cheveux fabriquent moins de mélanine, ils perdent leur couleur et deviennent blancs.

Le squelette

Sans os, notre corps serait tout mou et il s'effondrerait. Les os donnent au corps sa forme et le soutiennent. L'ensemble des os forme le squelette.

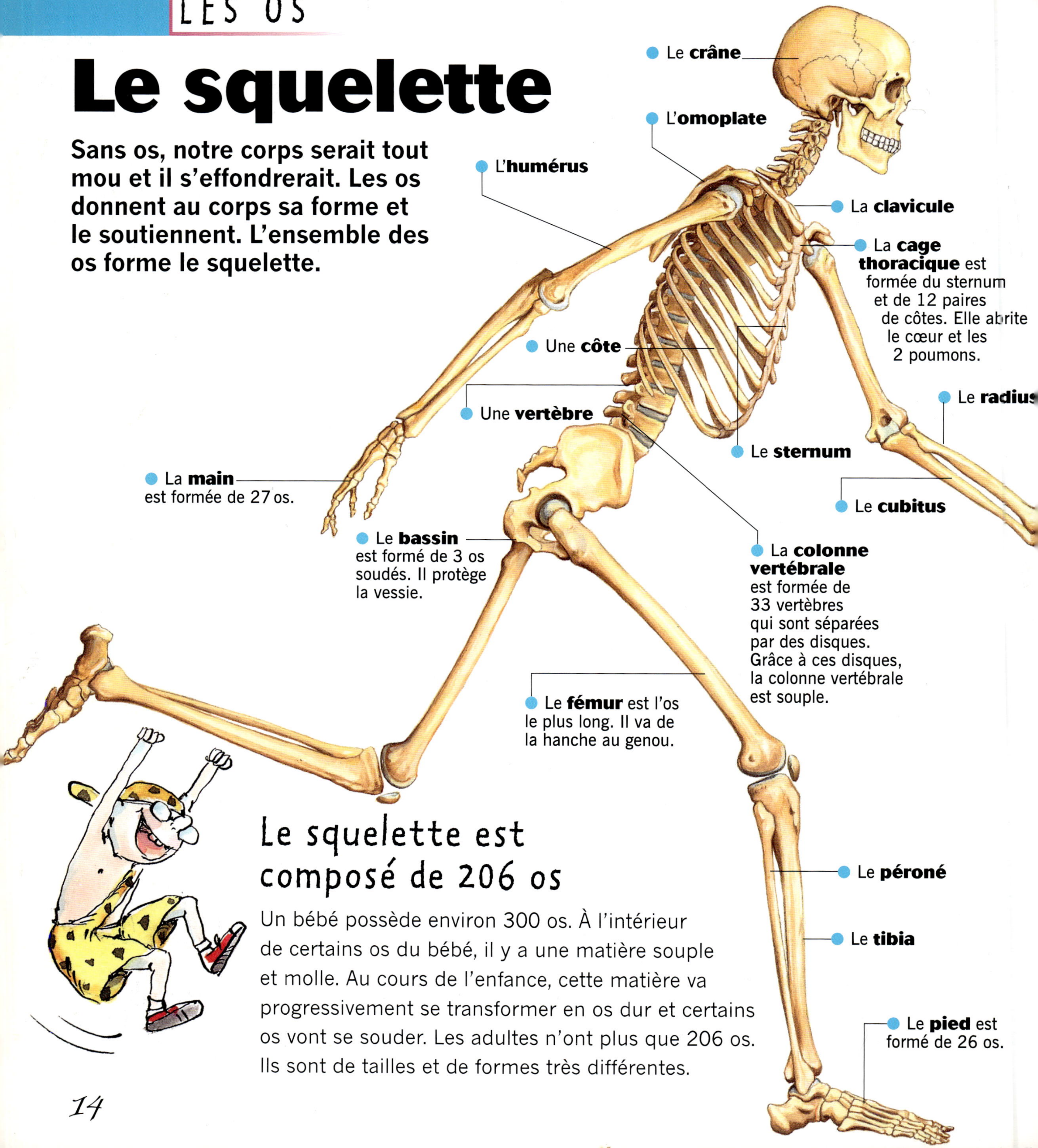

Le squelette est composé de 206 os

Un bébé possède environ 300 os. À l'intérieur de certains os du bébé, il y a une matière souple et molle. Au cours de l'enfance, cette matière va progressivement se transformer en os dur et certains os vont se souder. Les adultes n'ont plus que 206 os. Ils sont de tailles et de formes très différentes.

Les articulations

Les os ne peuvent pas se plier. Ils ne peuvent bouger que les uns par rapport aux autres. Le mécanisme qui relie les os et leur permet de bouger s'appelle une articulation. Le coude, le genou, la hanche sont des articulations.

LES ARTICULATIONS FONT BOUGER LES OS

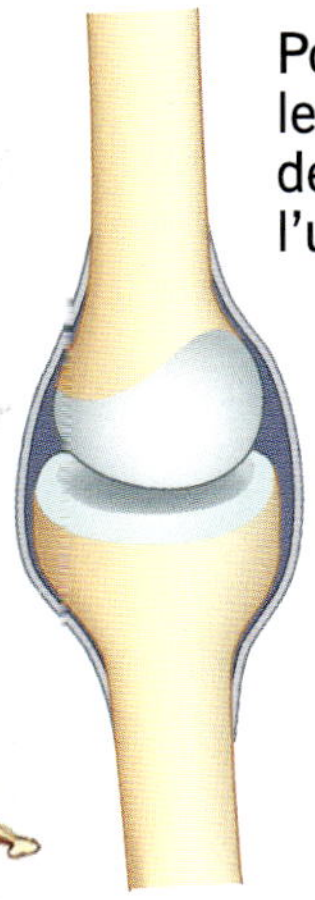

Pour bouger, les deux extrémités des os glissent l'une sur l'autre.

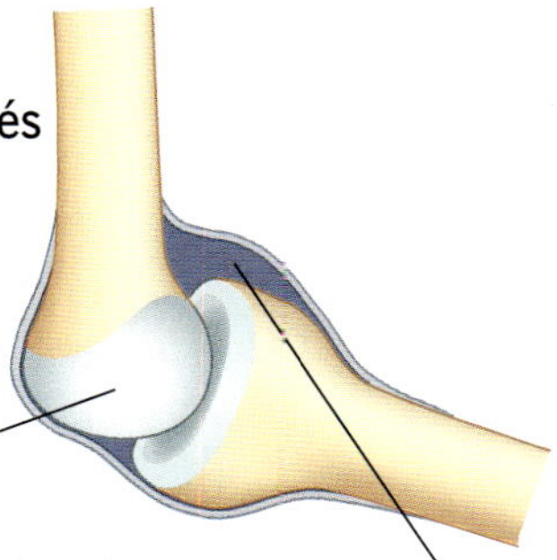

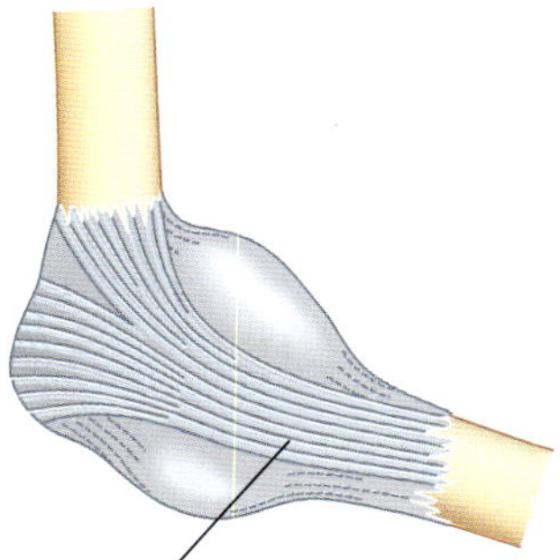

- Les extrémités des os sont recouvertes d'une substance* lisse, le **cartilage,** qui permet le glissement.
- Un liquide appelé **synovie** facilite le glissement.
- Des **ligaments** unissent les os entre eux et maintiennent l'articulation.

L'INTÉRIEUR DU FÉMUR

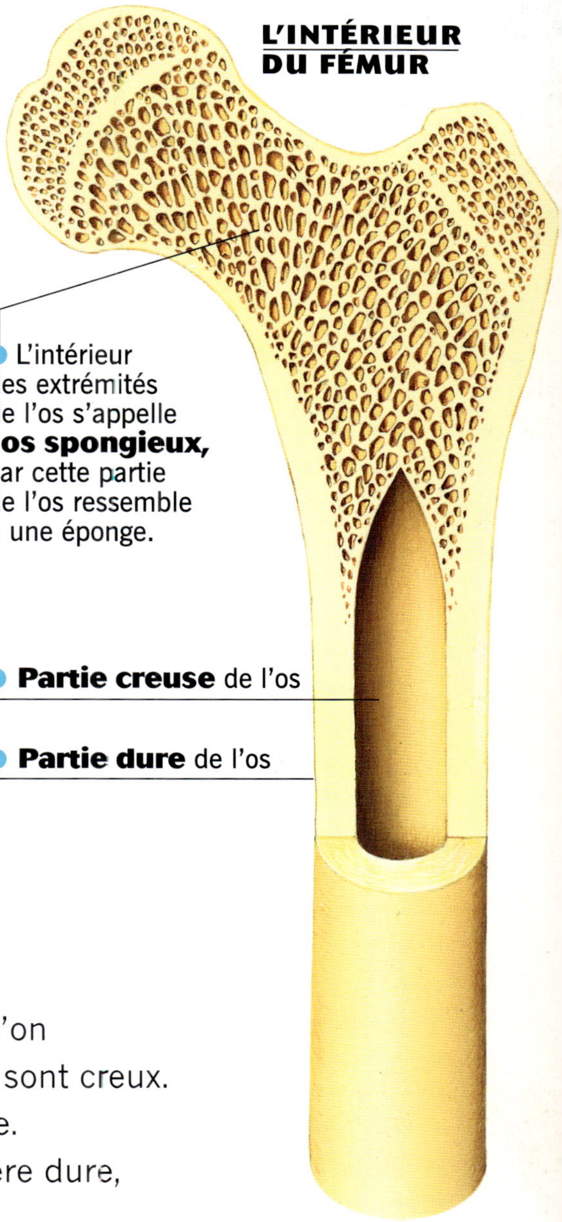

- L'intérieur des extrémités de l'os s'appelle l'**os spongieux,** car cette partie de l'os ressemble à une éponge.
- **Partie creuse** de l'os
- **Partie dure** de l'os

Les os sont durs et légers

Les os sont formés d'une matière dure. Mais, lorsqu'on observe l'intérieur de certains os, on constate qu'ils sont creux. En fait, seule la partie extérieure de l'os est très dure. Si les os étaient constitués en totalité de cette matière dure, notre corps serait bien plus lourd.

? C'est quoi, se casser une jambe ?
Après une chute ou un choc violent, les os situés à l'intérieur de la jambe peuvent se casser. Le plus souvent, les deux parties de l'os cassé restent en place. Parfois, elles se déplacent légèrement l'une par rapport à l'autre.

Comment répare-t-on les os cassés ?
C'est l'os qui se répare tout seul en reformant de l'os entre les parties cassées ; mais ça prend du temps, deux ou trois mois.

Est-ce que n'importe quel os du corps peut se casser ?
Oui, mais certains os, comme ceux des doigts, des bras et des jambes, se cassent plus facilement car ils sont beaucoup plus fragiles et sont plus exposés aux chocs.

Le travail des muscles

Les muscles sont responsables de tous les mouvements du corps. Ils nous permettent de courir, de faire des grimaces ou de cligner des yeux, mais aussi de respirer ou de digérer.

● Pour plier le bras, le muscle appelé **biceps** gonfle et sa taille se raccourcit : il tire ainsi sur l'os de l'avant-bras. On dit que le biceps s'est contracté.

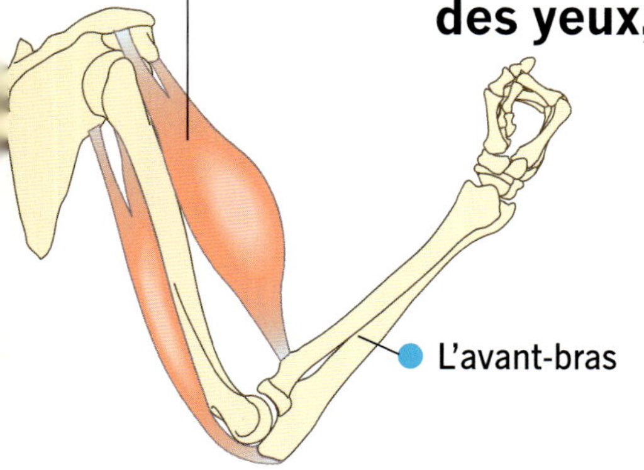

● Pour tendre le bras, le biceps se relâche. Mais ça ne suffit pas. Il faut que le muscle situé de l'autre côté, le **triceps**, se contracte.

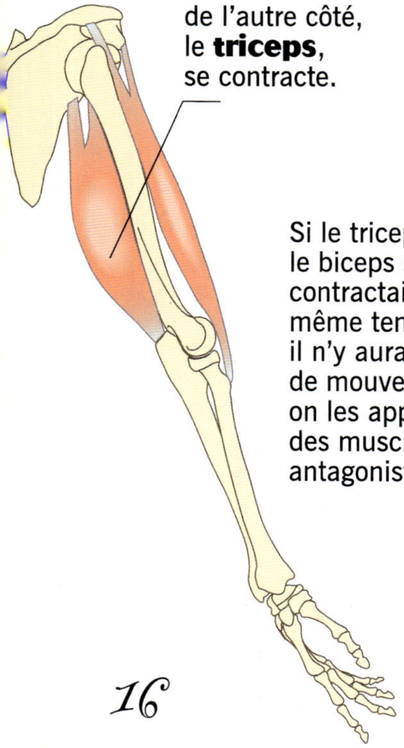

Si le triceps et le biceps se contractaient en même temps, il n'y aurait pas de mouvement : on les appelle des muscles antagonistes*.

Les muscles permettent le mouvement

Pour plier un bras, il faut, bien sûr, que les os puissent bouger les uns par rapport aux autres mais il faut aussi une force qui les pousse à bouger. Cette force est donnée par les muscles.

Pratiquer un sport fait **travailler les muscles** et leur donne ainsi plus de force.

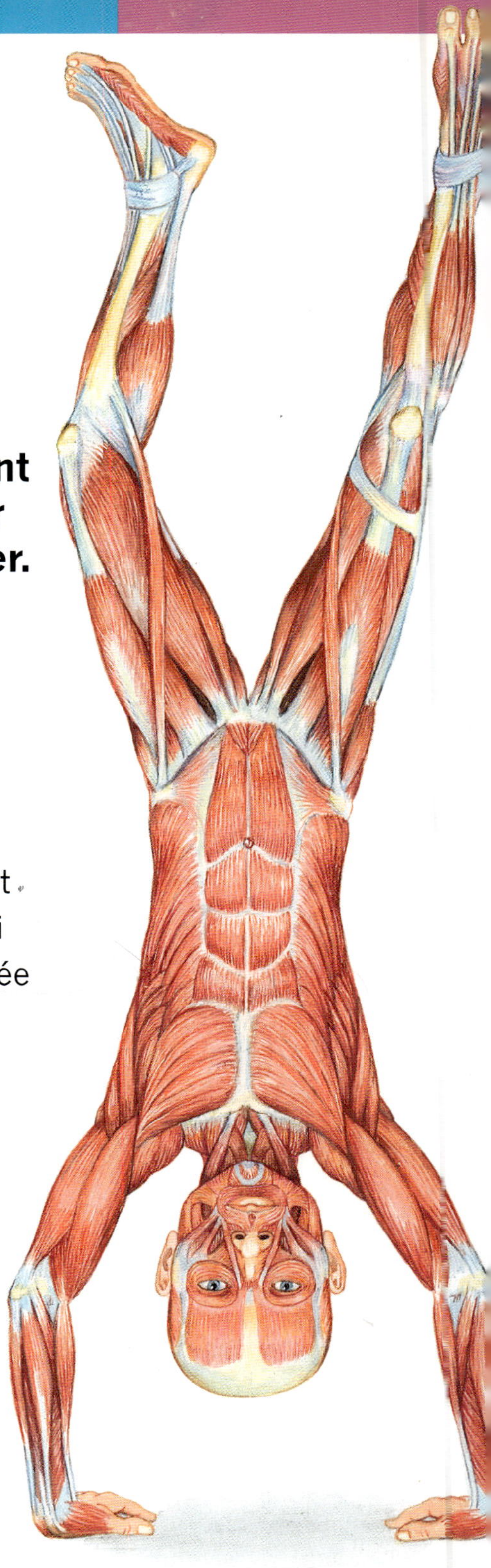

Notre corps a plus de **600 muscles**.

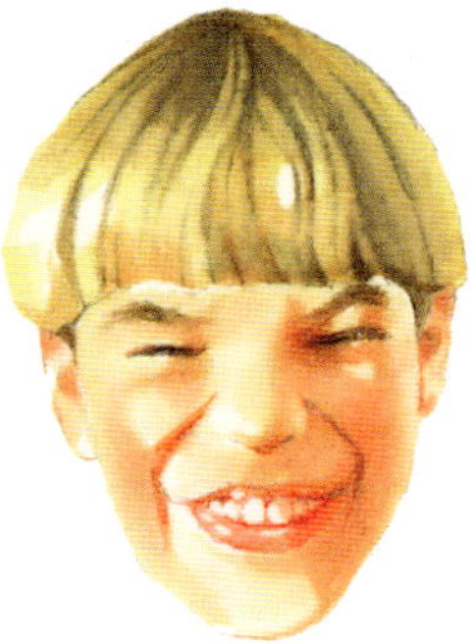

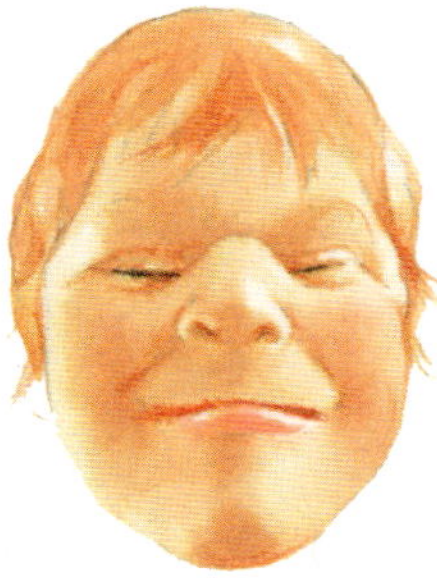

Quand on rit, on sourit ou on fait des grimaces, plus de **15 muscles** travaillent. Ces muscles sont placés sous la peau du visage et du cou.

C'est quoi être musclé ?
Tout le monde a des muscles et est donc musclé ; mais quand nous faisons travailler régulièrement nos muscles en faisant du sport, ils deviennent plus gros et plus puissants.

Pourquoi a-t-on mal, parfois, après avoir fait du sport ?
Quand nos muscles font un effort important, ils produisent une substance qui entraîne une légère douleur appelée courbature. Cette substance* est ensuite éliminée par notre corps et la douleur disparaît.

Pourquoi, quand on court, a-t-on parfois des « points de côté » ?
Quand on court, on a besoin de respirer plus vite et plus fort ; or, parfois, un des muscles qui sert à respirer se contracte fortement et tarde à se relâcher, ce qui peut être assez douloureux.

Deux sortes de muscles

Nous avons deux sortes de muscles. Les premiers sont des muscles attachés aux os, comme les biceps. Ces muscles tirent sur les os pour les faire bouger. Ils se contractent quand nous le décidons. Les autres muscles se trouvent sur la paroi de certains organes*, comme l'estomac ou les intestins. Ils se contractent lentement sans que l'on s'en rende compte. Ils travaillent sans cesse, même quand nous dormons.

Le cœur aussi est un muscle

Quand nous posons l'oreille sur la poitrine de quelqu'un, les battements que nous entendons sont les contractions d'un muscle particulier : le cœur. Ces mouvements sont réguliers. Nous ne pouvons décider ni de les ralentir, ni de les accélérer. Ils ne s'arrêtent jamais.

Même quand nous nous reposons, beaucoup de muscles travaillent.

5 litres de sang

Le sang circule partout dans notre corps. C'est pourquoi la moindre petite coupure, à n'importe quel endroit du corps, fait apparaître une petite goutte de sang.

Le **sang** est composé d'un liquide jaune, le plasma, et de cellules : les globules et les plaquettes.

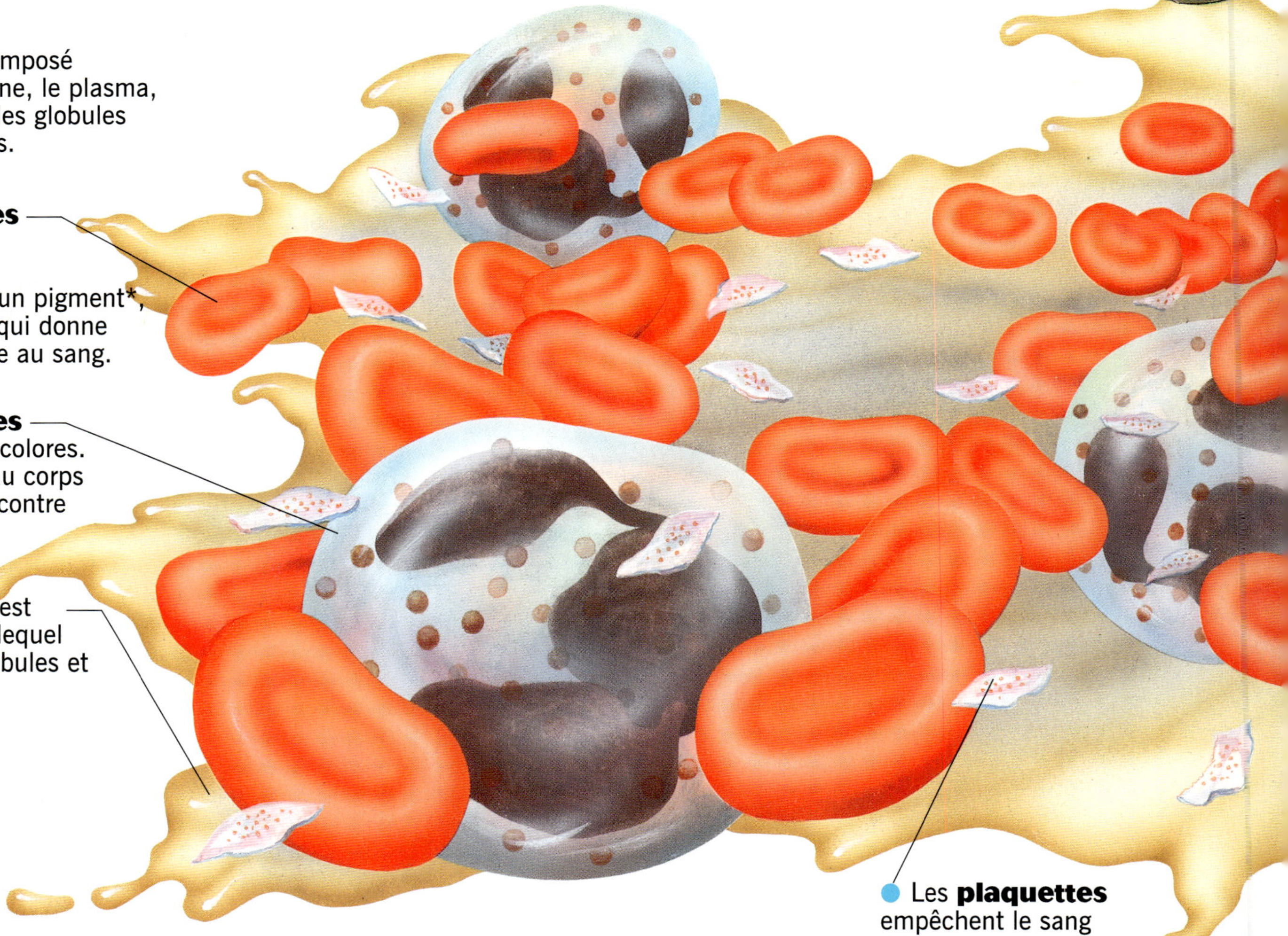

- Les **globules rouges** sont très nombreux. Ils contiennent un pigment*, l'hémoglobine, qui donne sa couleur rouge au sang.
- Les **globules blancs** sont incolores. Ils permettent au corps de se défendre contre les maladies.
- Le **plasma** est le liquide dans lequel baignent les globules et les plaquettes.
- Les **plaquettes** empêchent le sang de couler en cas de coupure.

Le sang est un moyen de transport

Le sang apporte à toutes les cellules du corps ce dont elles ont besoin pour vivre. Les globules rouges transportent l'oxygène* fourni par les poumons. Le plasma apporte aux cellules tout ce qui leur est utile dans ce que nous mangeons. Le plasma transporte aussi les déchets produits par les cellules. Ces déchets seront ensuite éliminés.

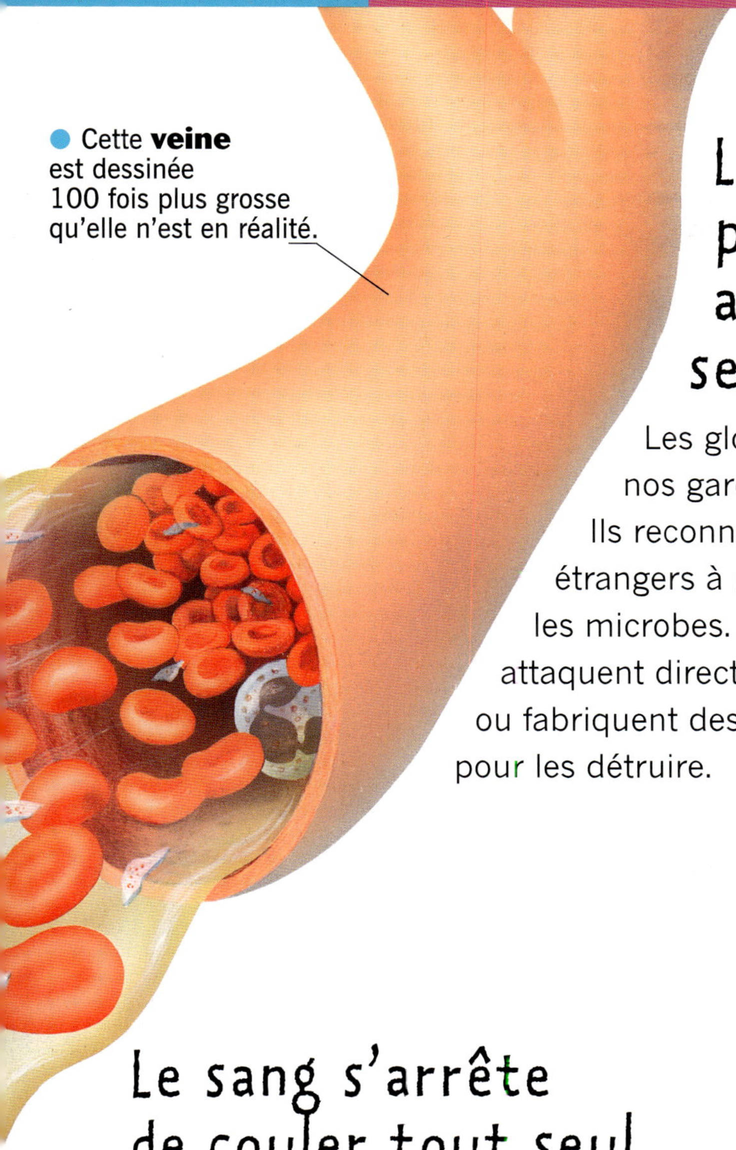

Cette **veine** est dessinée 100 fois plus grosse qu'elle n'est en réalité.

Le sang permet au corps de se défendre

Les globules blancs sont nos gardes du corps. Ils reconnaissent les éléments étrangers à notre corps, comme les microbes. Les globules blancs attaquent directement les microbes ou fabriquent des substances* pour les détruire.

Le sang s'arrête de couler tout seul

Quand nous nous coupons, un caillot sanguin se forme et empêche le sang de continuer à couler : c'est la coagulation*.

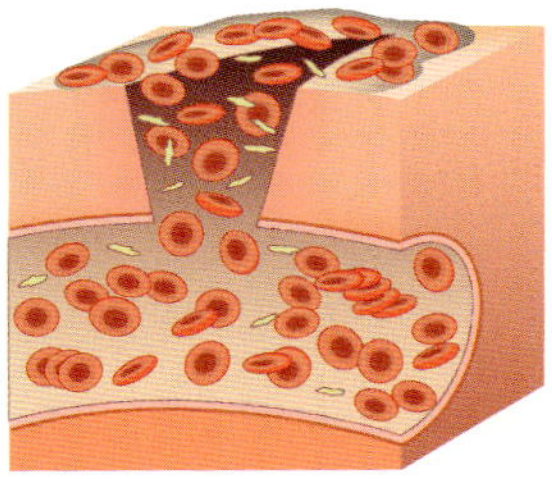

Du **sang s'écoule** par la plaie, lorsqu'on se blesse, qu'on s'écorche ou qu'on se coupe la peau.

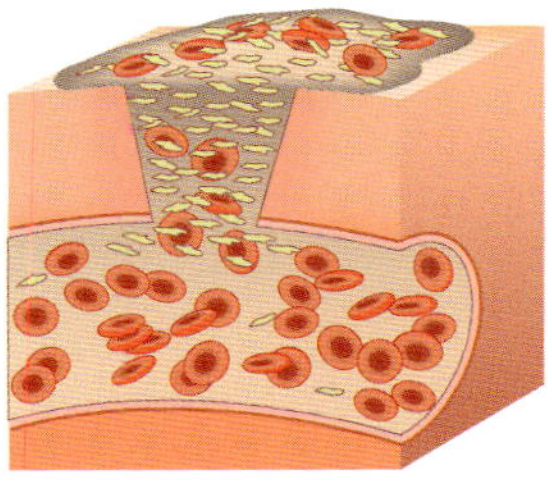

En quelques minutes, les plaquettes se collent les unes aux autres et forment un **caillot*** qui bouche la plaie.

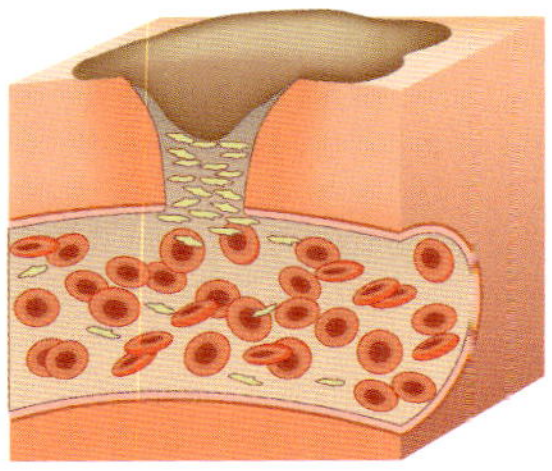

Au bout de quelques jours, le caillot forme une **croûte** ; les cellules de la peau se multiplient pour réparer la coupure.

Est-ce qu'on peut perdre beaucoup de sang quand on se fait une coupure ?
On a souvent peur de voir son sang couler mais, en fait, on perd très peu de sang avec une simple coupure. Il suffit de mettre un pansement et d'appuyer. Le sang s'arrête alors tout seul de couler.

Et dans les accidents ?
Dans les accidents graves, on peut perdre beaucoup de sang ; mais c'est très rare. Dans ce cas-là, les médecins remplacent le sang perdu par du sang donné par quelqu'un d'autre.

C'est quoi, donner son sang ?
Un adulte peut donner environ un demi-litre de son sang quand il le désire. Pour cela, un médecin pique dans une veine de son bras avec une aiguille. L'aiguille est fixée à une poche en plastique dans laquelle le sang s'écoule lentement.

Le sang circule

Pour amener le sang dans tous les endroits du corps, le cœur fonctionne comme une pompe. Il envoie le sang dans les artères et le récupère par les veines : c'est la circulation du sang.

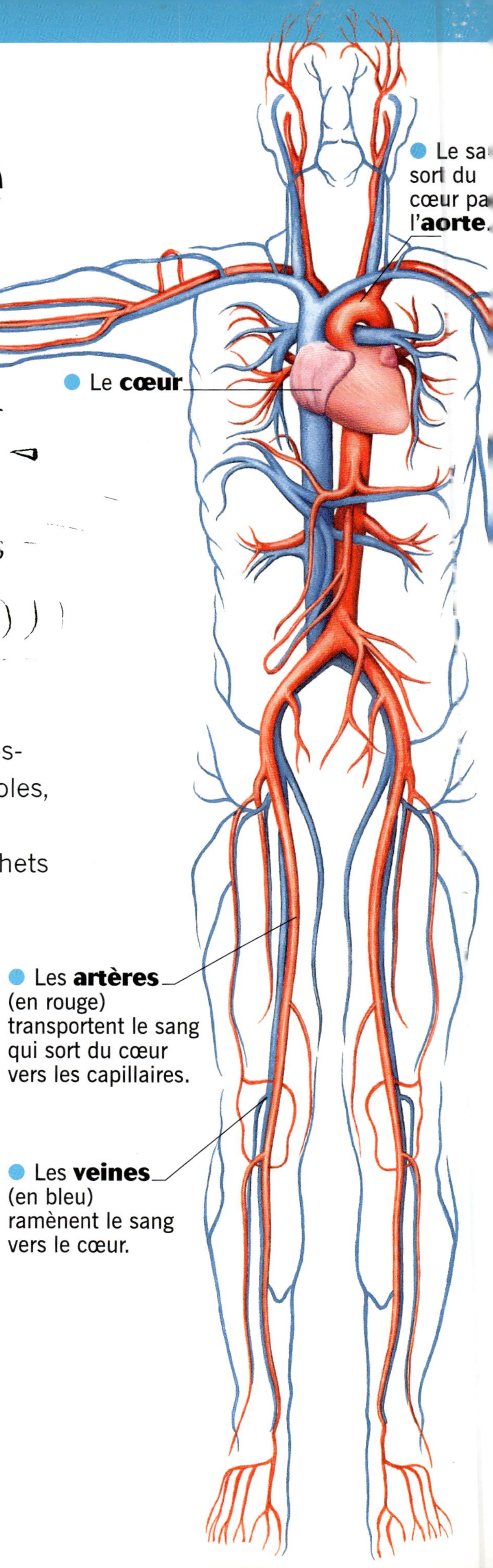

Le cœur et les vaisseaux

Le sang sort du cœur par un gros vaisseau appelé l'aorte. Cette artère se divise ensuite en artères plus fines qui vont elles-mêmes se ramifier en vaisseaux de plus en plus fins, les artérioles, puis les capillaires. C'est au niveau des capillaires que le sang donne aux cellules ce dont elles ont besoin et emporte les déchets qu'elles rejettent. Le sang revient ensuite vers le cœur par les veinules, puis les veines.

LE CIRCUIT DU SANG

Le sang parcourt un double circuit dont le cœur est le centre.

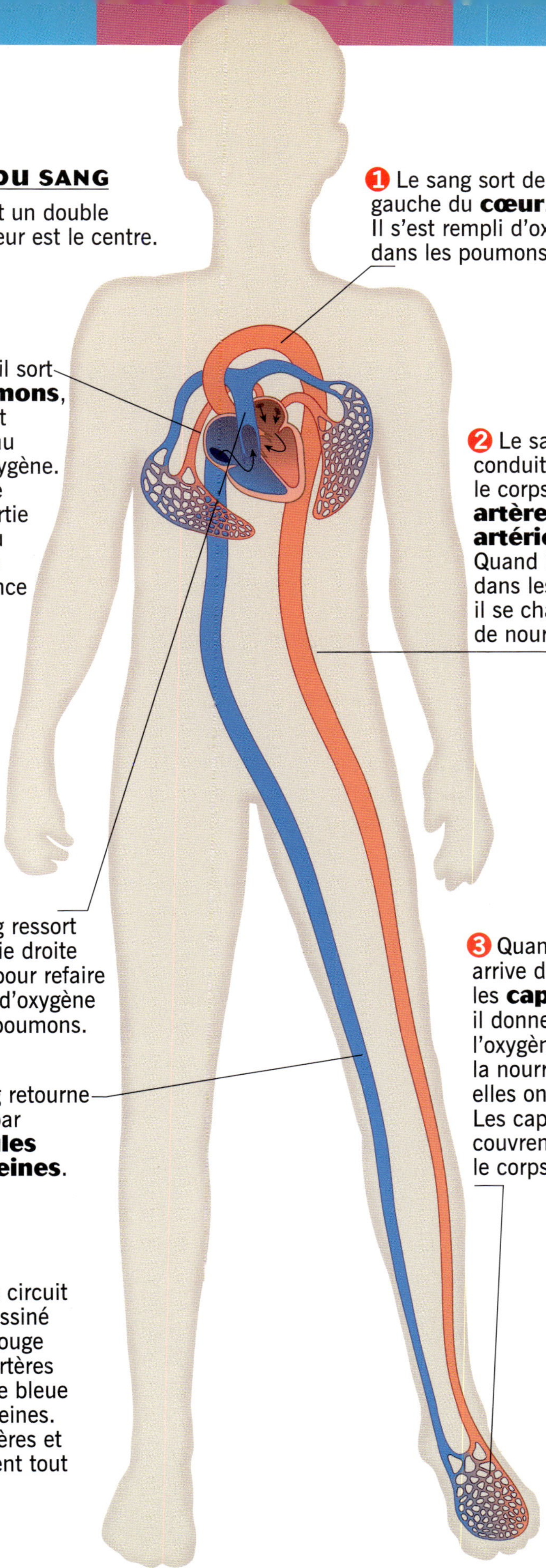

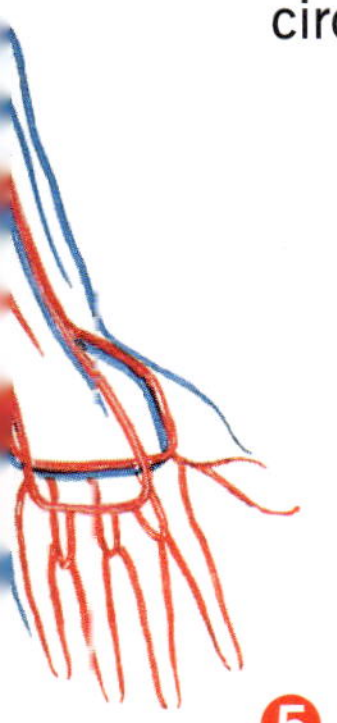

❶ Le sang sort de la partie gauche du **cœur**. Il s'est rempli d'oxygène* dans les poumons.

❷ Le sang est conduit dans tout le corps par les **artères** et les **artérioles**. Quand il passe dans les intestins, il se charge de nourriture.

❸ Quand le sang arrive dans les **capillaires**, il donne aux cellules l'oxygène et la nourriture dont elles ont besoin. Les capillaires couvrent tout le corps.

❹ Le sang retourne au cœur par les **veinules** puis les **veines**.

❺ Le sang ressort de la partie droite du cœur pour refaire provision d'oxygène dans les poumons.

❻ Quand il sort des **poumons**, le sang est de nouveau plein d'oxygène. Il retourne vers la partie gauche du cœur puis recommence tout son circuit.

Pour expliquer le circuit du sang, on a dessiné une seule ligne rouge pour toutes les artères et une seule ligne bleue pour toutes les veines. En réalité les artères et les veines couvrent tout le corps.

Pourquoi le cœur bat-il plus vite quand on court ?

Il bat plus vite pour apporter plus de sang aux muscles, car ils ont besoin de plus d'oxygène et de plus de nourriture quand ils travaillent beaucoup.

Parfois, quand on a peur, le cœur bat aussi plus vite...

Il bat plus vite pour apporter plus de sang aux muscles qui se préparent à faire un effort important pour fuir un danger.

Pourquoi sent-on battre son cœur quand il bat plus vite ?

Quand le cœur bat plus vite, il expulse plus de sang dans les artères, c'est cet afflux de sang que l'on ressent.

Qu'est-ce que c'est ?

Ces quatre photos représentent des éléments du corps. Les trois premières sont très agrandies et la quatrième est prise de très près. Devine ce que c'est.

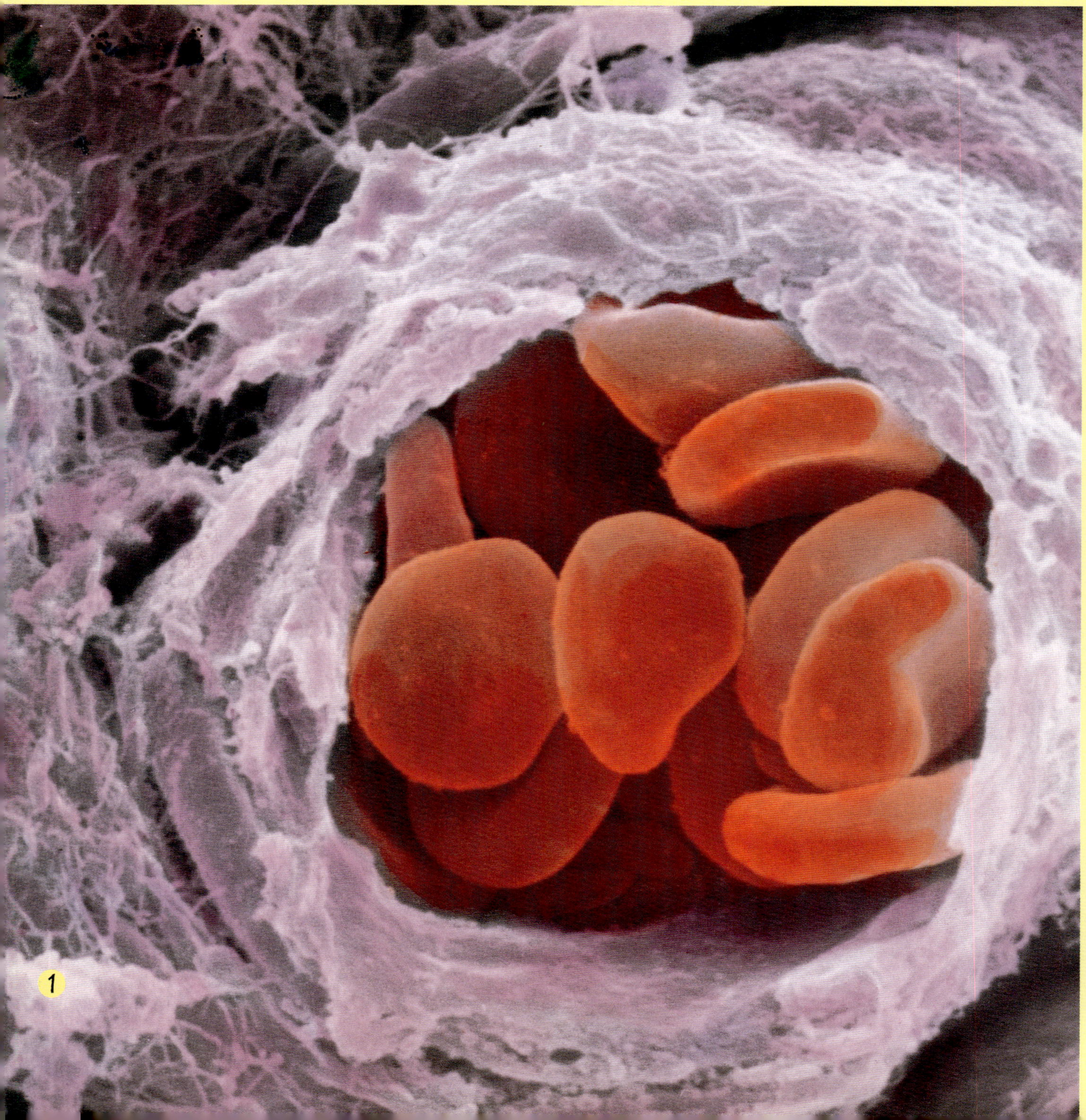

1

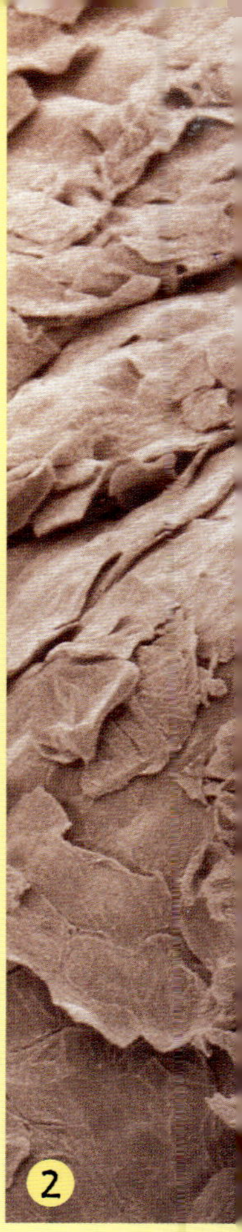

2

3

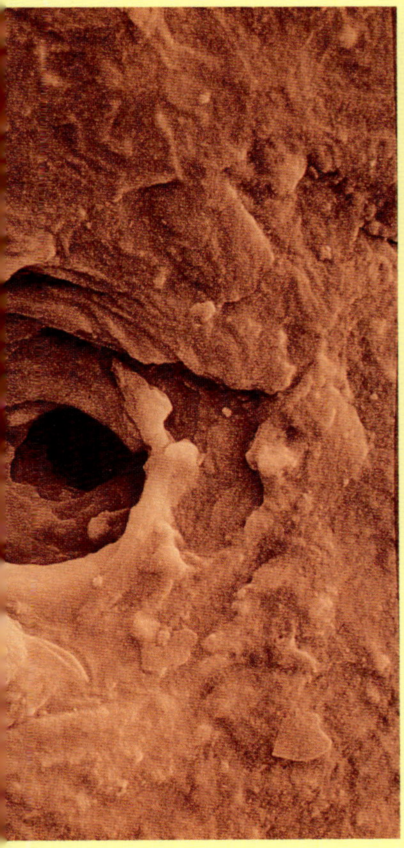

4

Des chiffres étonnants

Un homme a entre 3 et 5 millions de poils, autant qu'un singe... Mais les poils des hommes sont beaucoup plus petits et plus fins que ceux des singes.

Les cheveux poussent d'environ 1 cm par mois. Quand ils atteignent 90 cm, ils s'arrêtent de pousser.

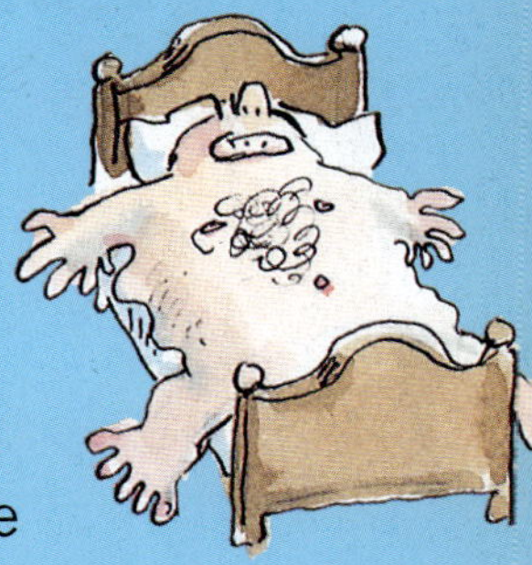

La peau est le plus vaste organe du corps. Si on l'étalait, elle couvrirait la surface d'un grand lit.

Le sang circule dans 950 km de vaisseaux sanguins.

SOLUTIONS : 1-Des globules rouges. 2-Un cheveu. 3-Un pore de la peau. 4-Une peau qui a la chair de poule.

Tatouages et maquillages

Dans certains pays, les hommes et les femmes se font des dessins sur le corps, souvent à l'occasion des fêtes.

Indien d'Amérique en tenue de guerrier.

Main de femme du Rajasthan peinte pour un mariage.

Danseur kikuyu (Kenya) portant une couronne de plumes.

Papou de Nouvelle-Guinée en tenue de cérémonie.

Homme thaïlandais tatoué sur tout le corps.

Indien d'Amérique du Nord au visage peint.

Indien d'Amérique de la tribu Pow Wow.

Masai du Kenya portant un masque de cérémonie.

Papou de Nouvelle-Guinée au visage peint.

Empreintes digitales

La peau du bout des doigts est creusée de minuscules sillons qui laissent une trace sur les objets ou sur le papier : ce sont les empreintes digitales. Elles sont différentes d'une personne à l'autre.

COMMENT FONCTIONNE NOTRE CORPS ?

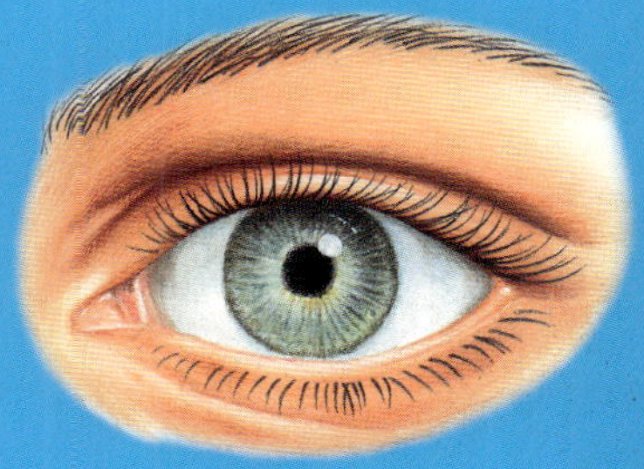

Les sens nous relient au monde qui nous entoure.

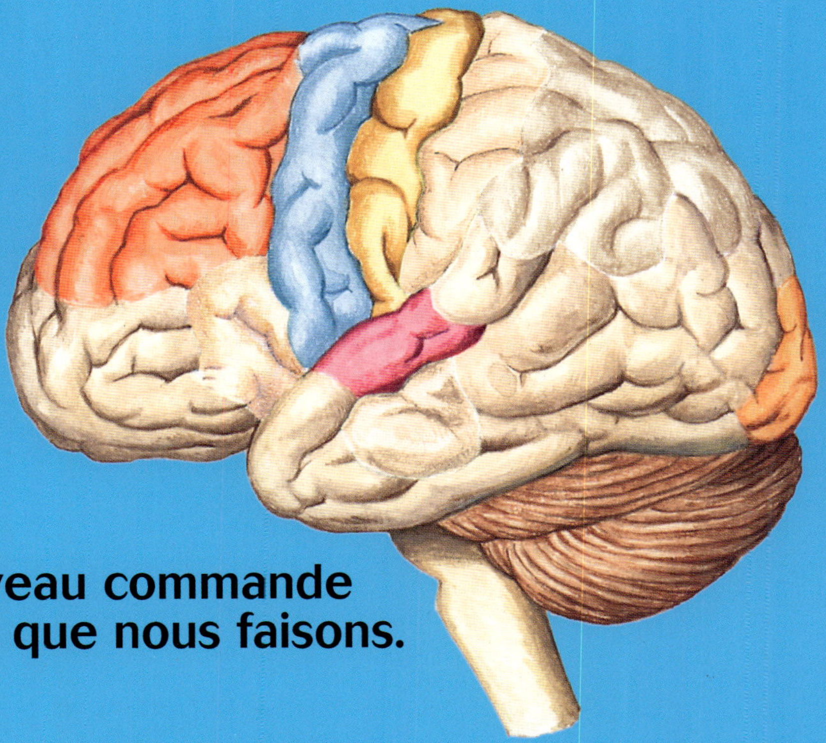

Le cerveau commande tout ce que nous faisons.

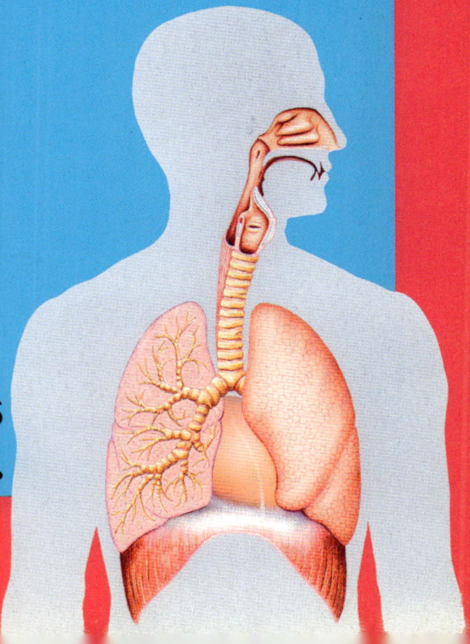

Nous ne pouvons jamais nous arrêter de respirer.

Inspirer, expirer...

Pour vivre, notre corps a besoin de nourriture, mais aussi d'oxygène. C'est en respirant que nous faisons entrer l'oxygène de l'air dans nos poumons.

Respirer, c'est vivre

Jamais nous ne pouvons nous arrêter de respirer car les cellules de notre corps ont, en permanence, besoin d'oxygène* et que notre corps ne peut pas faire de réserves d'air. Il faut donc constamment faire entrer de l'air dans les poumons. C'est pourquoi les poumons se gonflent et se dégonflent environ quinze fois par minute.

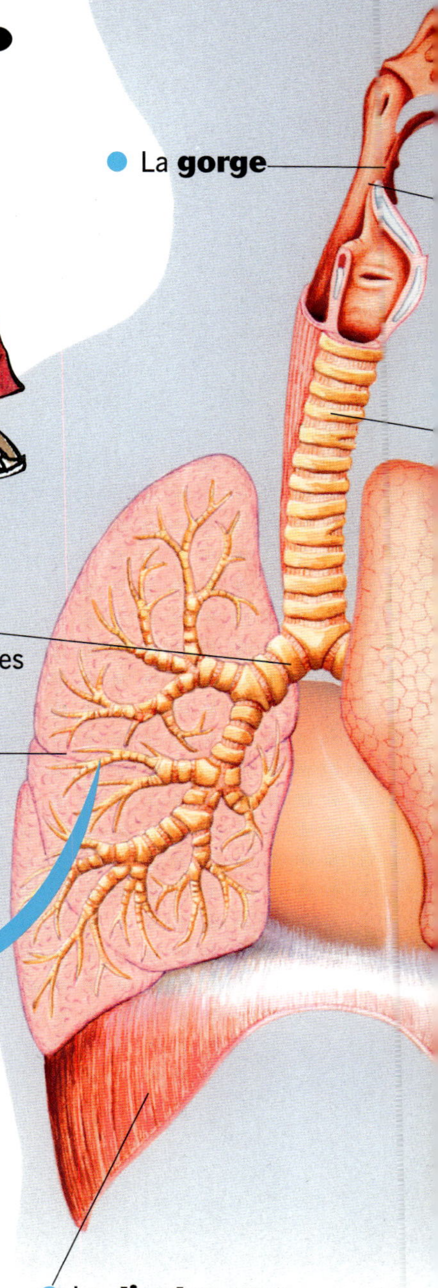

L'OXYGÈNE PASSE DANS LE SANG

C'est dans les poumons, au niveau des **alvéoles**, que l'oxygène de l'air passe dans le sang. Il y a des millions d'alvéoles dans les poumons. Ce sont de minuscules sacs d'air. Les alvéoles sont situées au bout des bronchioles et sont recouvertes de vaisseaux sanguins, les capillaires.

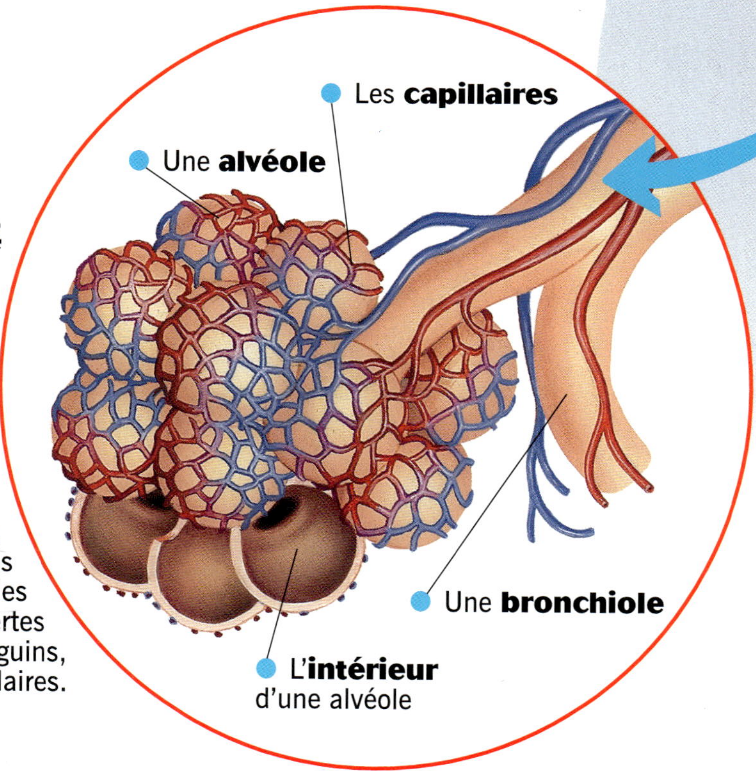

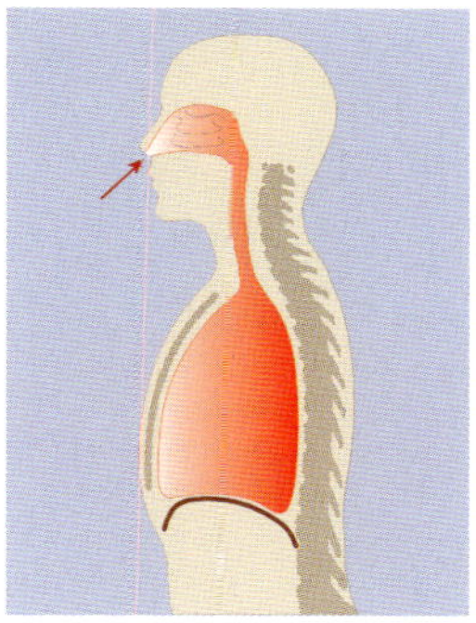

Quand on **inspire**, on fait entrer de l'air : les poumons se gonflent.

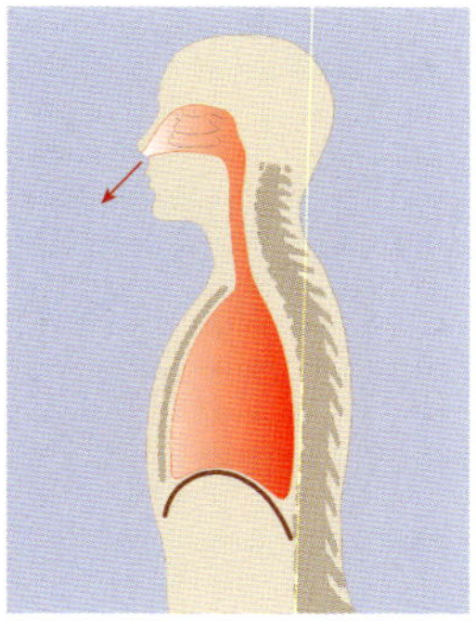

Quand on **expire**, on fait sortir de l'air : les poumons se dégonflent.

De l'oxygène pour nos cellules

C'est dans les poumons que l'oxygène est extrait de l'air que nous avons inspiré. Il passe alors dans le sang, et le sang conduit l'oxygène à toutes les cellules de notre corps. L'air qui ressort de nos poumons quand nous expirons ne contient presque plus d'oxygène.

De l'air pour parler

Pour parler aussi, il faut de l'air. L'air qui sort des poumons passe dans la gorge où se trouvent les cordes vocales*. Sous l'effet du passage de l'air, elles vibrent comme les cordes d'un instrument de musique et produisent des sons. Quand on parle, les différentes positions des joues, des lèvres et de la langue transforment ces sons en paroles.

? Combien de temps peut-on rester sans respirer ?
À peine quelques minutes, car notre corps ne peut pas vivre sans oxygène.

Comment les poissons font-ils pour respirer ?
Ils ne respirent pas exactement comme nous. Ils respirent grâce à leurs branchies qui récupèrent l'oxygène présent aussi dans l'eau.

Comment font les poissons quand ils ne sont plus dans l'eau ?
La plupart des poissons ne vivent pas longtemps quand ils sont hors de l'eau, car ils ne peuvent pas attraper l'oxygène de l'air... sauf par exemple l'anguille, qui vit aussi bien dans l'eau qu'en dehors.

Nourrir son corps

Manger est souvent un plaisir, mais c'est avant tout un besoin. La nourriture apporte de l'énergie aux cellules. Cette énergie permet aux cellules de vivre et de faire fonctionner l'ensemble du corps.

Manger pour vivre

Quand nous n'avons pas mangé depuis plusieurs heures, nous avons faim. La faim nous rappelle que nous avons besoin de nous nourrir. La nourriture apporte au corps des éléments pour le faire vivre, mais aussi l'entretenir, le réparer, lui permettre de grandir.

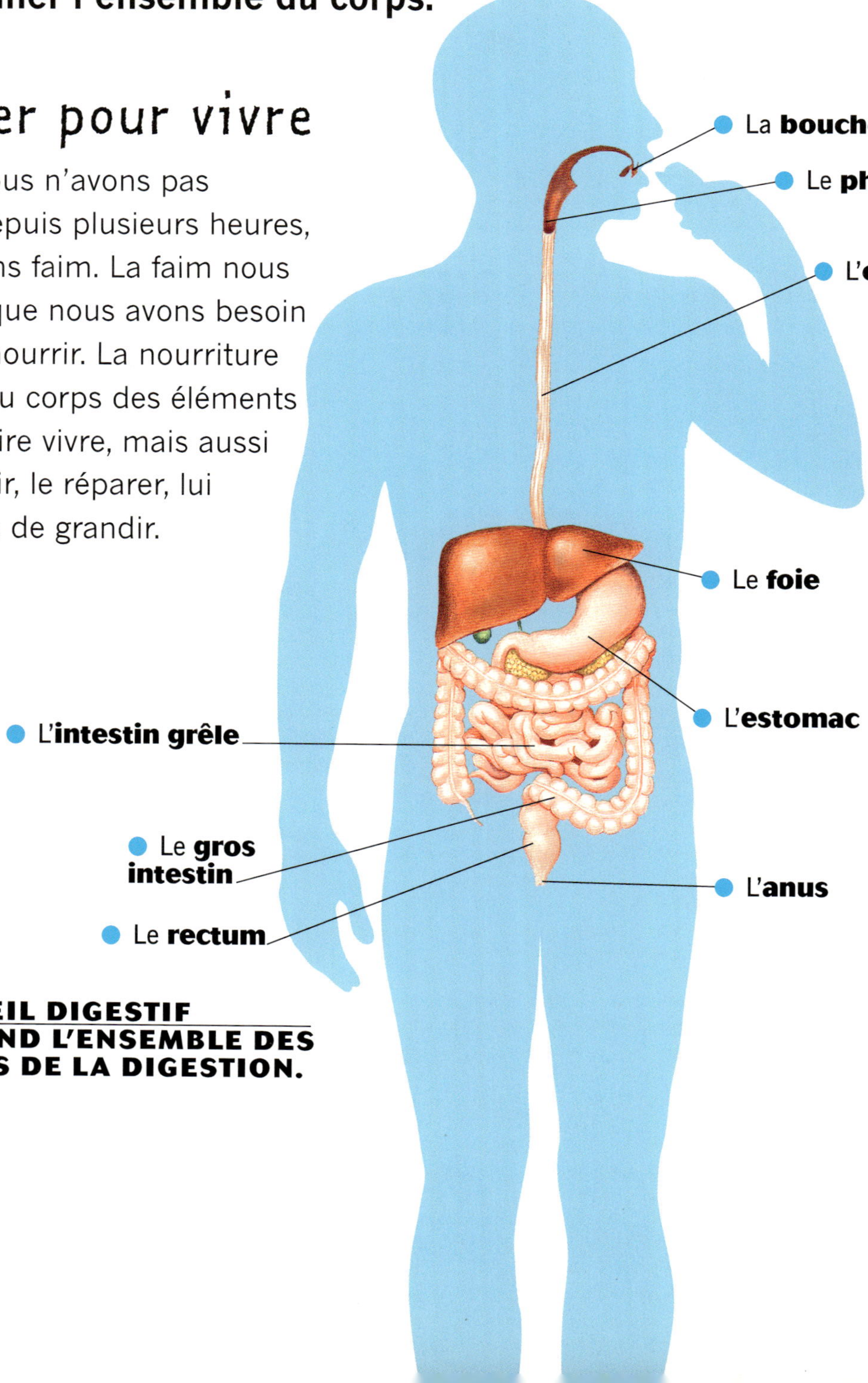

L'APPAREIL DIGESTIF COMPREND L'ENSEMBLE DES ORGANES DE LA DIGESTION.

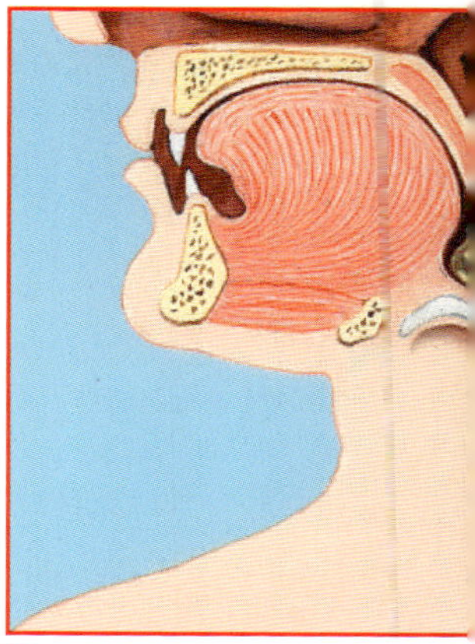

1 Les dents coupent et mâchent la nourriture. Elle se mélange à la **salive** et forme une sorte de bouillie que nous avalons. Cette bouillie passe dans le **pharynx** puis par l'**œsophage**.

La digestion transforme la nourriture

Le poulet ou la tomate que nous mangeons sont bien trop gros pour être transportés par le sang jusqu'à nos cellules. Ils doivent donc être transformés en éléments plus simples. Les aliments sont d'abord broyés par les dents puis désagrégés* dans l'estomac et l'intestin grêle, où ils passent dans le sang. Le sang les conduit ensuite à toutes les cellules.

LA NOURRITURE SUIT UN LONG TRAJET DANS L'APPAREIL DIGESTIF. ELLE EST TRANSFORMÉE À CHAQUE ÉTAPE.

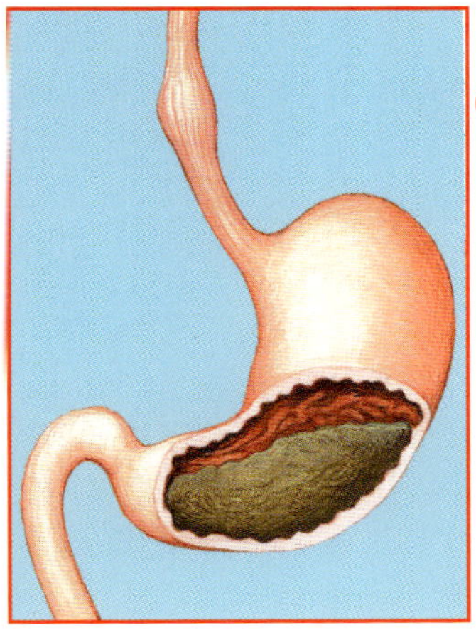

❷ Dans l'**estomac**, la bouillie est broyée plus finement.

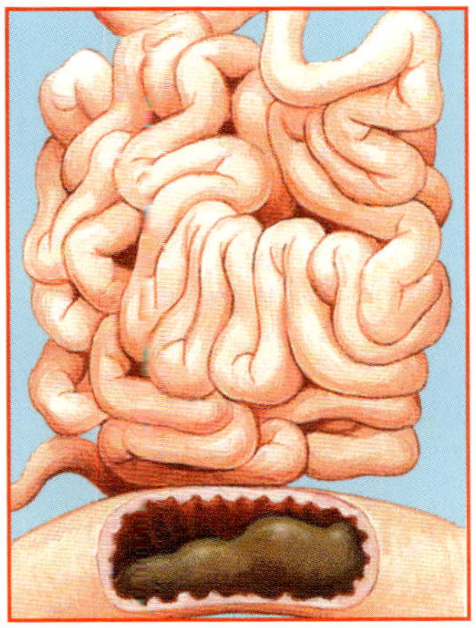

❸ À la fin de leur long parcours dans l'**intestin grêle**, les aliments sont devenus des substances* si petites qu'ils peuvent traverser la paroi de l'intestin et passer **dans le sang**.

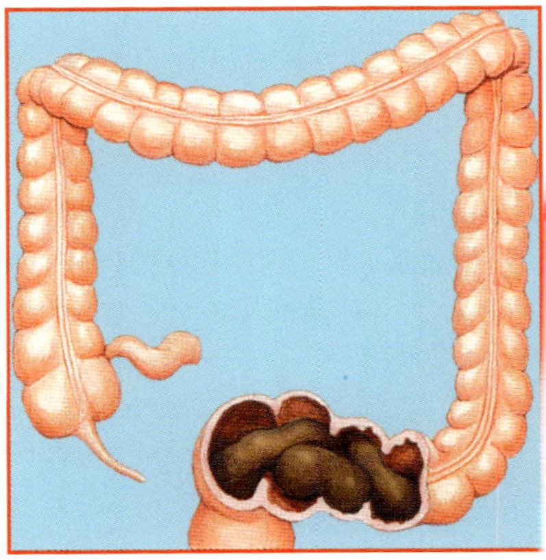

❹ Tous les aliments ne sont pas digérés. Ce qui reste passe dans le **gros intestin**, redevient plus solide et se transforme en **selles**.

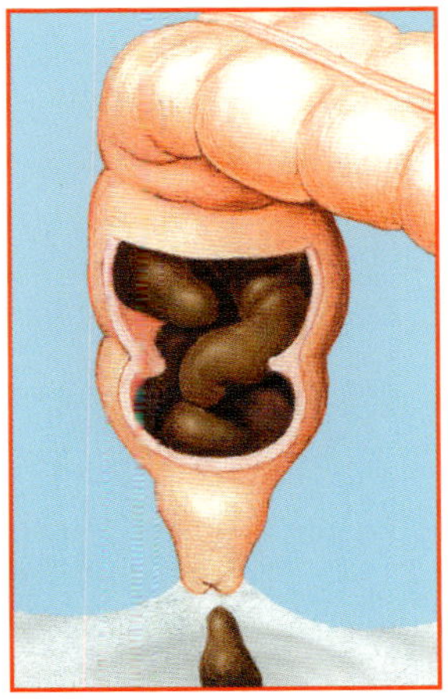

❺ Les selles sont stockées dans le **rectum** puis évacuées par l'**anus**.

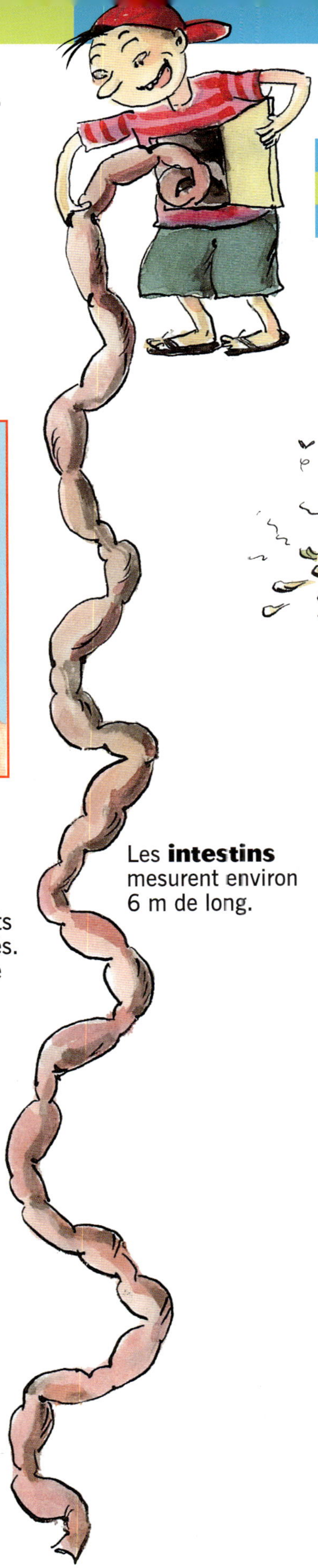

Les **intestins** mesurent environ 6 m de long.

Pourquoi vomit-on ?
On vomit pour rejeter quelque chose qu'on a mangé qui ne nous convient pas, ou bien parce qu'on a trop mangé, ou encore parce qu'on est malade.

Comment ça se passe ?
Les muscles du ventre se contractent très fort et violemment. Ils appuient sur l'estomac dont le contenu remonte vers le haut.

On vomit donc uniquement ce qu'il y a dans l'estomac ?
Oui, c'est-à-dire de la nourriture à moitié digérée, de la salive et des substances qui désagrègent la nourriture.

Nettoyer et éliminer

Notre corps rejette dans le sang les éléments dont il n'a pas besoin. La plupart de ces déchets sont filtrés par les reins et éliminés dans l'urine.

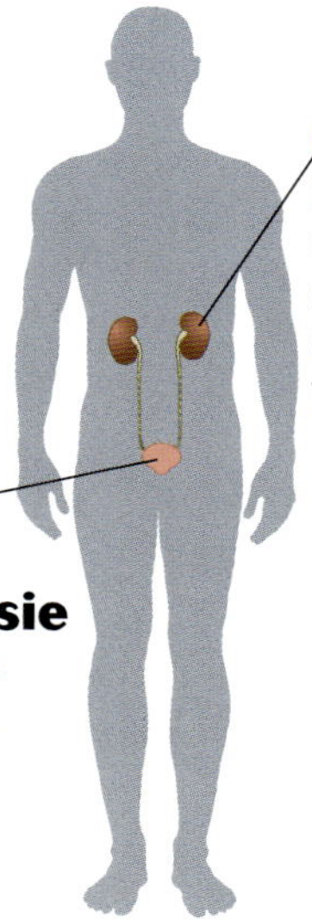

Les reins nettoient le sang

Les cellules rejettent en permanence des déchets dans le sang. Le sang doit donc être nettoyé : c'est le travail des reins. Situés dans le dos, les reins ressemblent à de gros haricots. Les reins sont composés d'une multitude de petits filtres qui extraient du sang les déchets et l'eau. Le tout forme un liquide qui est transporté à travers les reins dans de minuscules tubes, où il devient de l'urine.

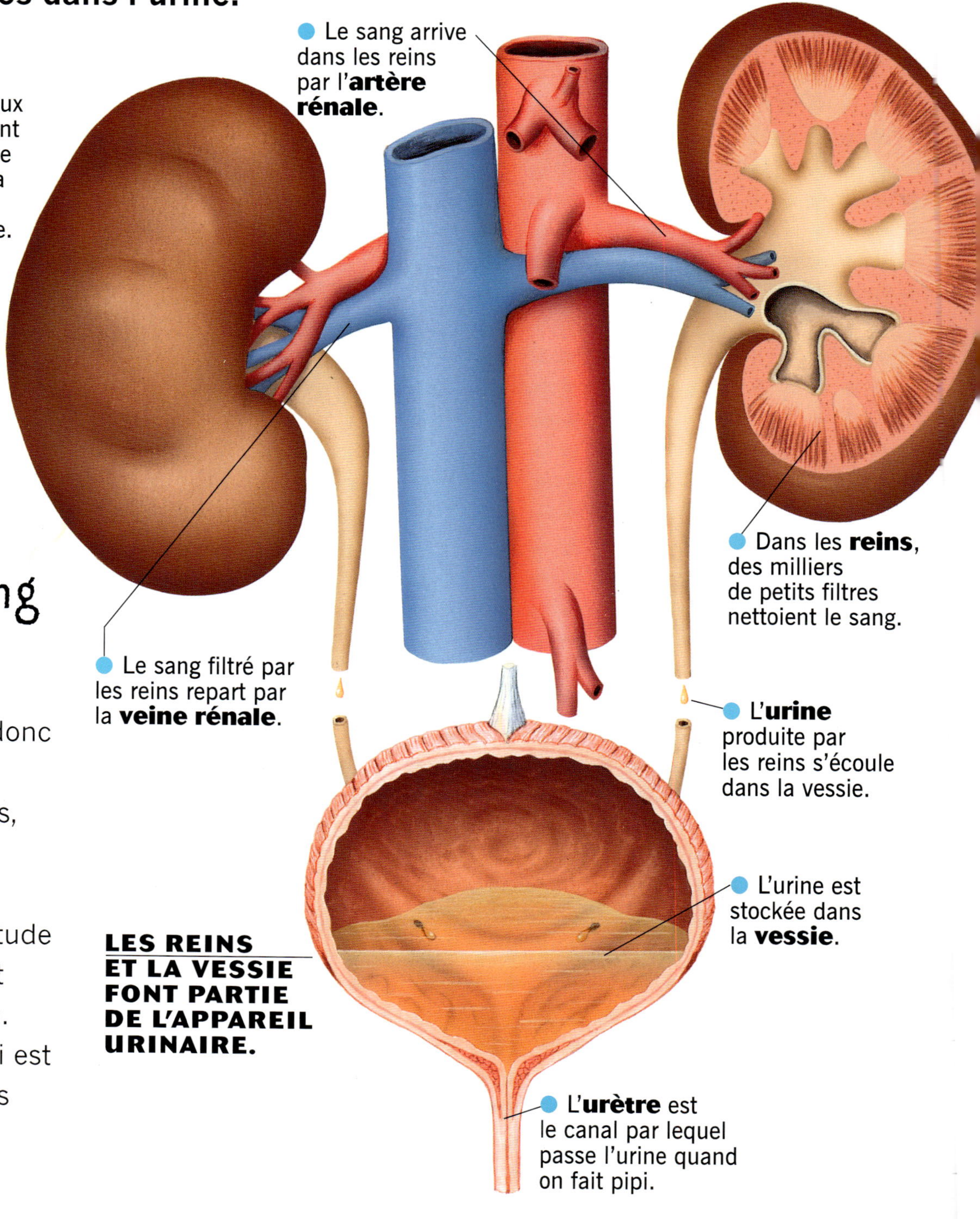

LES REINS ET LA VESSIE FONT PARTIE DE L'APPAREIL URINAIRE.

Un litre d'urine par jour

Notre corps produit environ un litre d'urine par jour (le pipi). Ce liquide jaune est essentiellement composé d'eau. Les déchets qu'il contient sont invisibles car ils sont dissous dans l'eau. L'urine est stockée dans une sorte de poche, la vessie, jusqu'à ce que l'on fasse pipi. La vessie peut contenir environ un demi-litre d'urine. Mais, en général, on a envie de faire pipi bien avant qu'elle soit pleine.

Boire et éliminer

Si nous buvons beaucoup, les reins éliminent l'eau en excès en produisant une grande quantité d'urine diluée. Si nous buvons peu, les reins rejettent peu d'eau dans l'urine, celle-ci est alors plus concentrée. Quand nous n'avons vraiment pas assez d'eau, nous avons soif.

CHAQUE JOUR, NOTRE CORPS PERD ENVIRON 2 LITRES D'EAU, IL FAUT DONC LES REMPLACER.

? À quoi ça sert de boire ?
Notre corps contient beaucoup d'eau, mais il perd une partie de cette eau, en particulier quand nous urinons ; il faut donc remplacer cette eau en buvant.

Pourquoi a-t-on souvent soif quand il fait très chaud ?
L'eau s'échappe aussi de notre corps par la peau : c'est la transpiration. Comme on transpire beaucoup quand il fait chaud, on a besoin de boire pour remplacer l'eau qu'on a perdue.

Pourquoi transpire-t-on ?
On transpire pour empêcher la température du corps de monter. Quand l'eau s'échappe de notre corps, elle emmène aussi de la chaleur.

Les ordres du cerveau

Marcher, réfléchir, apprendre, dormir, tout ce que nous faisons est commandé par le cerveau. Tout ce que fait notre corps sans que nous le sachions est aussi commandé par le cerveau : digérer, se défendre contre les maladies...

Le travail du cerveau

Le cerveau contrôle tout ce que fait notre corps. Le cerveau recueille les messages de notre corps : ce que nous voyons, ce que nous entendons, ce que nous sentons, le chaud, le froid, la faim... et lui transmet des ordres : bouger, respirer, digérer...

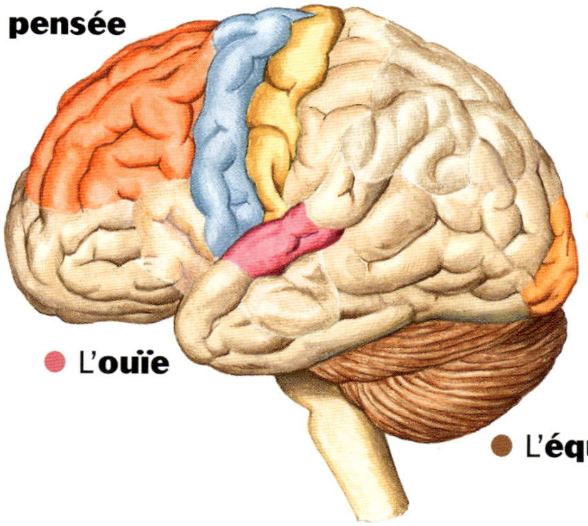

Certaines **zones du cerveau** sont spécialisées. La zone de l'ouïe, par exemple, reçoit des informations en provenance des oreilles.

Deux sortes de nerfs

Le cerveau est situé dans notre crâne. Il est relié à des kilomètres de nerfs par la moelle épinière qui passe à l'intérieur de la colonne vertébrale. Il existe deux sortes de nerfs : les nerfs sensitifs transmettent au cerveau les informations fournies par notre corps ; les nerfs moteurs transmettent à notre corps les ordres du cerveau.

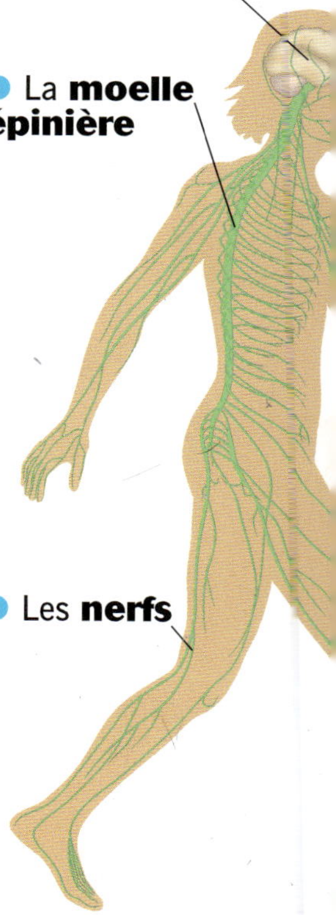

Quand la petite fille a mis le pied dans la flaque, les **nerfs sensitifs** de son pied ont informé son cerveau qu'il y avait de l'eau. Le cerveau a analysé ce message et la petite fille a alors senti que c'était mouillé.

Grâce aux **nerfs moteurs**, le cerveau a transmis aux muscles l'ordre de retirer le pied de la flaque. Tout cela s'est passé en une fraction de seconde.

? Comment notre cerveau peut-il faire autant de choses en même temps ?

Le cerveau comprend différentes zones qui sont spécialisées, certaines pour les mouvements, d'autres pour recueillir les sensations, d'autres encore pour la vision, l'ouïe…

Combien de choses le cerveau peut-il faire à la fois ?

Il fait des milliers de choses à la fois, mais il y a certaines activités qu'il a du mal à faire en même temps : par exemple, lire en comprenant ce qu'on lit et parler à quelqu'un d'un sujet complètement différent.

Est-ce qu'avoir mal à la tête, c'est avoir mal au cerveau ?

Non, la douleur ne vient pas du cerveau, mais d'autres composantes de la tête. Les causes des maux de tête sont très variées : la fatigue, une mauvaise vue, la grippe…

Les réflexes

Lorsque l'on pose la main sur le feu, on la retire très vite, avant même de sentir la douleur. C'est un réflexe*. Il est déclenché par les nerfs. Il survient très rapidement et il est automatique. Le cerveau n'a pas besoin d'intervenir. Le plus souvent, les réflexes permettent de se protéger rapidement contre un danger.

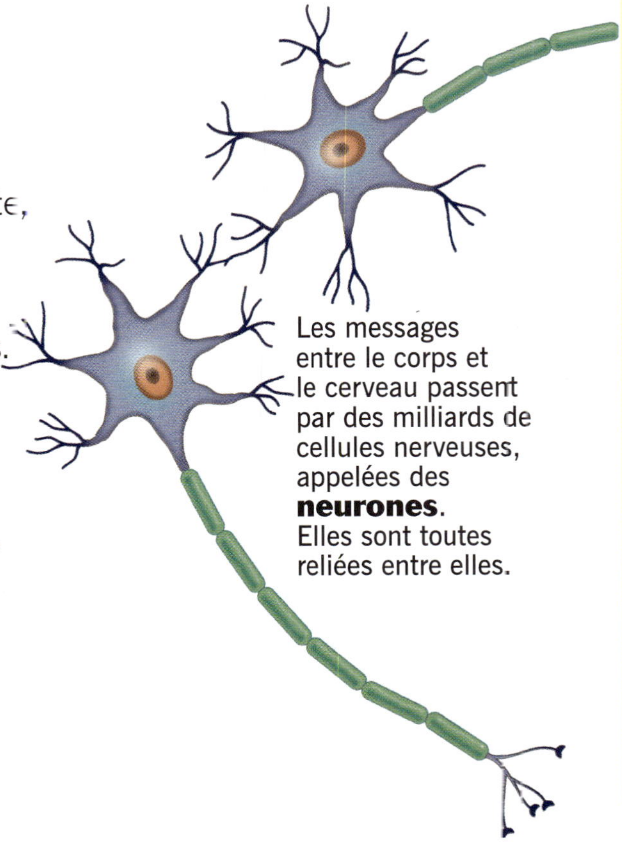

Les messages entre le corps et le cerveau passent par des milliards de cellules nerveuses, appelées des **neurones**. Elles sont toutes reliées entre elles.

Les **nerfs** couvrent tout notre corps.

Sentir et voir

Sentir, voir, toucher, goûter, entendre... nous prenons conscience de tout ce qui se passe autour de nous grâce à nos cinq sens. Les yeux permettent de voir ce qui nous entoure ; le nez capte les odeurs.

Nos cinq sens

Le nez, les yeux, la peau, la langue et les oreilles sont les cinq organes* des sens. Ils recueillent des informations qu'ils transmettent au cerveau par les nerfs. Le cerveau transforme ensuite ces informations en odeurs, en images, en sensations du toucher, en goût ou en sons.

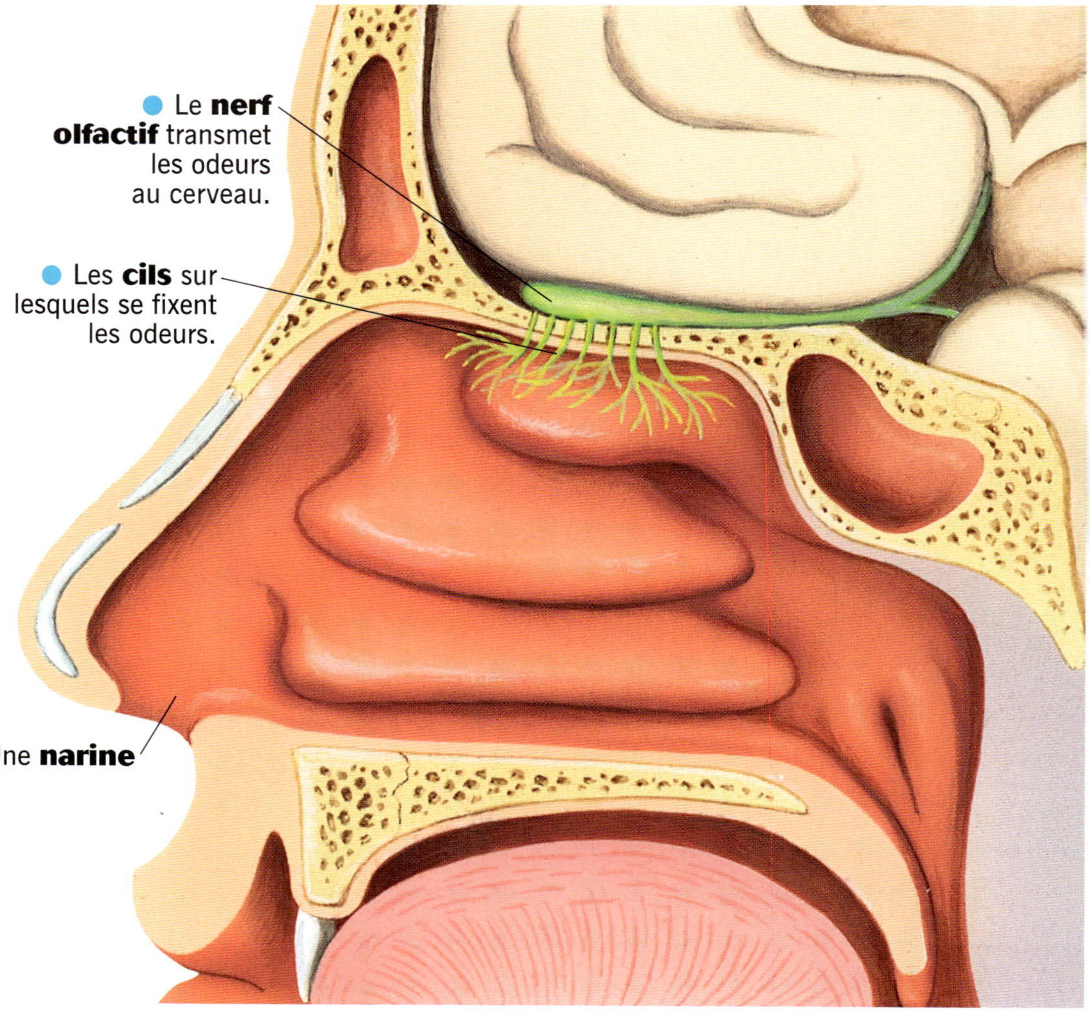

Le nez permet de sentir les odeurs

Le nez est capable de détecter des milliers d'odeurs : elles sont constituées de particules différentes situées dans l'air que nous respirons. Quand nous sentons le parfum d'une rose, de minuscules particules provenant de la rose se fixent sur des cils situés dans le nez.

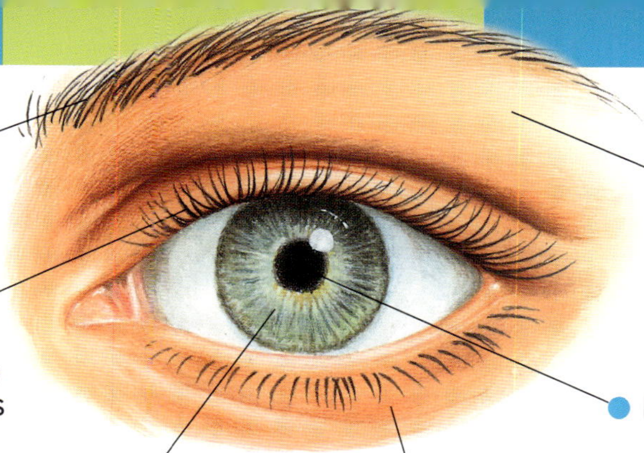

- Les **sourcils** empêchent la sueur du front de tomber dans l'œil.
- Les **cils** forment une barrière contre les poussières quand les paupières sont fermées.
- L'**iris** donne aux yeux leur couleur.
- Les **paupières** s'ouvrent et se ferment sans arrêt. Elles répartissent ainsi les larmes sur toute la surface de l'œil et le débarrassent des poussières et des microbes.
- La **pupille**
- Les **larmes** empêchent l'œil de se dessécher. Elles sont produites par les **glandes lacrymales**, situées sous la peau.

Vision normale

Être **myope**, c'est voir mal de loin.

Quand on **louche**, on voit parfois double.

Un **daltonien** ne voit pas toutes les couleurs.

Des yeux pour voir

L'œil fonctionne un peu comme une caméra. Il donne sans s'arrêter une image de ce qui nous entoure, en couleurs, en mouvement et en relief. Les yeux sont très fragiles et doivent être bien protégés.

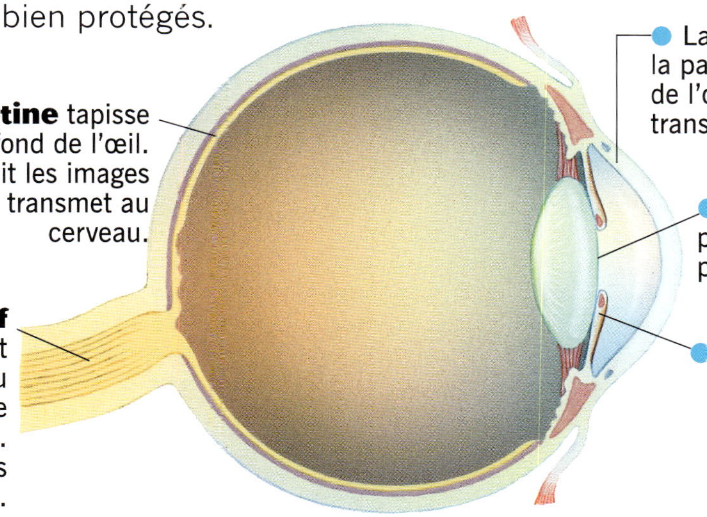

- La **rétine** tapisse le fond de l'œil. Elle reçoit les images et les transmet au cerveau.
- Le **nerf optique** conduit au cerveau l'image formée sur la rétine. Le cerveau nous fait voir l'image.
- La **cornée** est la partie extérieure de l'œil. Elle est transparente.
- Tout ce qu'on voit pénètre dans l'œil par la **pupille**.
- L'**iris**

Pourquoi pleure-t-on ?
Quand on est triste ou parfois très heureux, ou quand une poussière gêne l'œil, les larmes sont fabriquées en plus grande quantité et s'écoulent sur les joues.

Où vont les larmes quand on ne pleure pas ?
Les larmes sont évacuées par un petit canal qui débouche dans le nez. Quand on pleure, on produit plus de larmes. Elles envahissent le nez et on doit se moucher.

Pourquoi a-t-on parfois le nez bouché ?
Lorsqu'on a un rhume, l'intérieur du nez gonfle un peu et donne la sensation d'avoir le nez bouché.

Entendre, goûter et toucher

L'oreille entend les sons. La langue détecte une partie du goût de ce qu'on mange. La peau permet de sentir de quoi sont faits les objets.

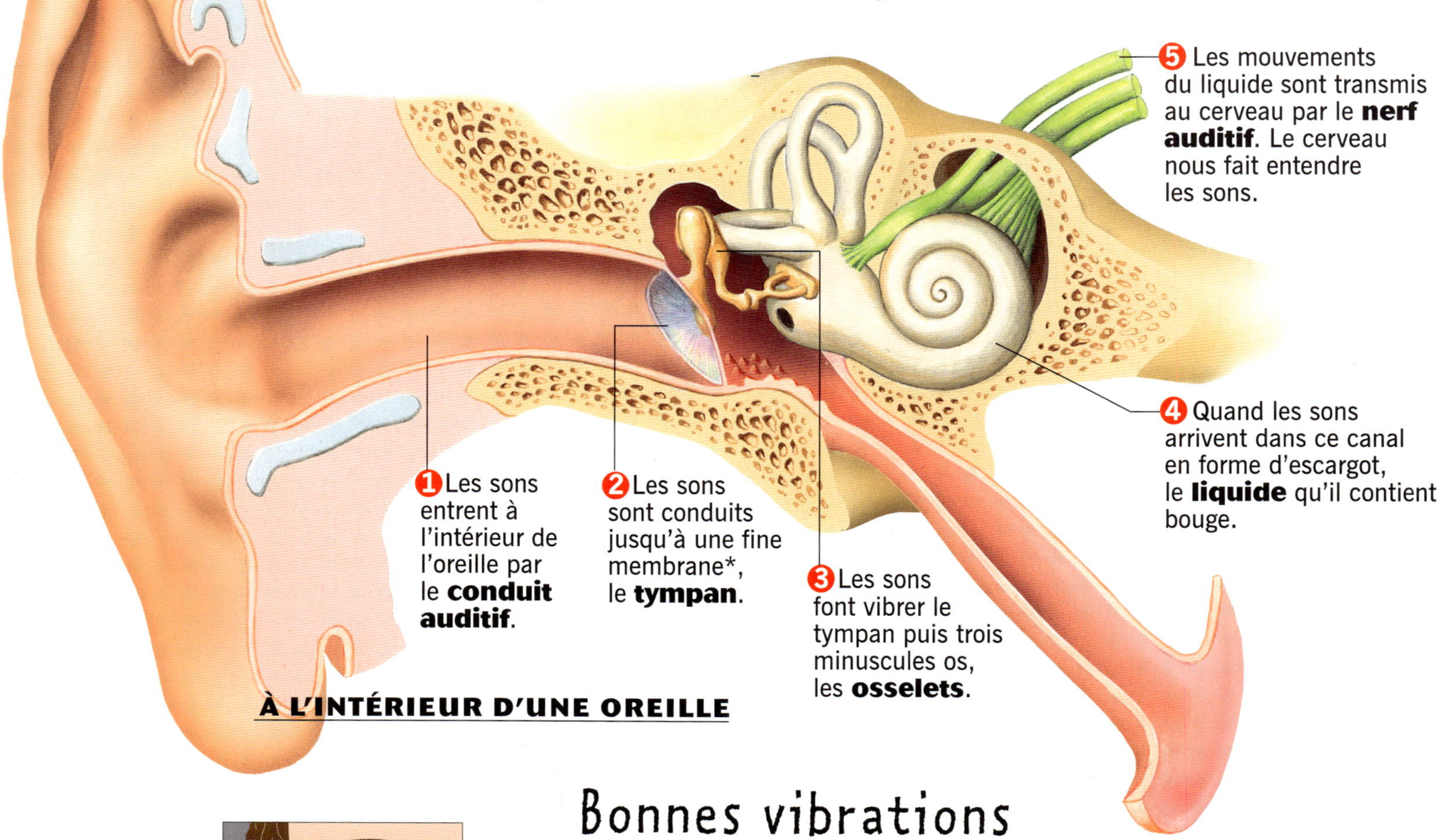

À L'INTÉRIEUR D'UNE OREILLE

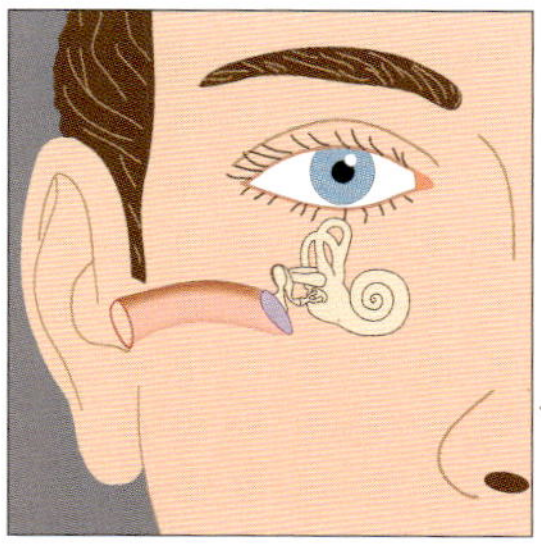

L'intérieur de l'oreille arrive en dessous et à l'arrière de l'œil.

Bonnes vibrations

Les sons sont des mouvements de l'air qu'on appelle des vibrations. Les vibrations lentes donnent des sons graves, les vibrations rapides donnent des sons aigus. Les animaux peuvent entendre certains sons que nous n'entendons pas. Par exemple, les chiens et les chauves-souris entendent les sons très aigus appelés des ultrasons.

La **langue** reconnaît **quatre saveurs**. Certaines parties de la langue sont plus sensibles à une saveur.

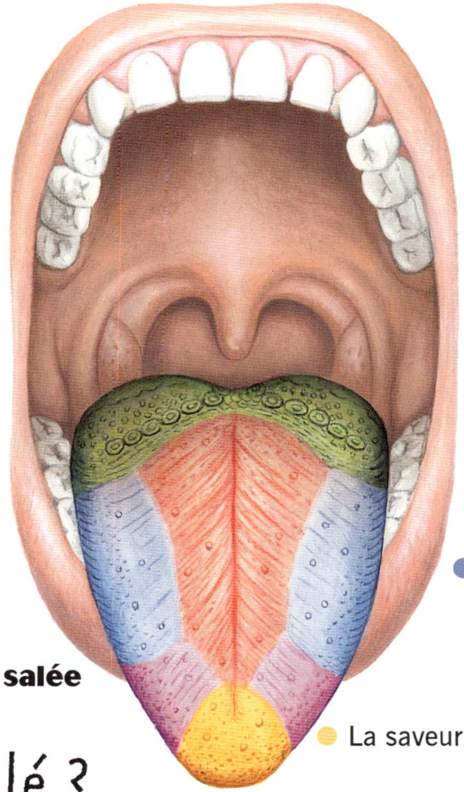

Sucré ou salé ?

Quand on mange un morceau de chocolat en se bouchant le nez, on ne reconnaît pas le goût du chocolat, mais uniquement son goût sucré. La langue ne détecte en effet que quatre saveurs: le sucré, le salé, l'amer et l'acide. Mais, quand on mange du chocolat, il dégage une odeur qui remonte jusqu'au nez. C'est le nez qui permet de reconnaître le goût du chocolat.

DUR

PIQUANT

RÂPEUX

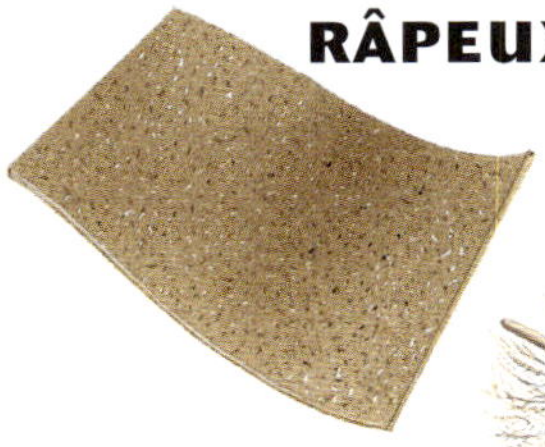

DOUX

Du bout des doigts

On sent qu'un objet est froid ou chaud, dur ou mou, grâce à des récepteurs* situés sur notre peau. Ce sont les bouts des doigts qui sont les plus sensibles au toucher car ils ont beaucoup plus de récepteurs que les autres parties de notre corps.

Comment les aveugles font-ils pour lire ?
Ils « lisent » avec leurs doigts une écriture en relief appelée le braille. C'est leurs doigts qui reconnaissent cette écriture.

Est-ce que c'est difficile ?
Oui et non. Quand un de nos sens ne fonctionne pas, nous apprenons à mieux utiliser les autres.

Les aveugles entendent-ils mieux que les autres ?
Oui, ils peuvent reconnaître des sons qui nous paraissent identiques ; ils identifient les personnes par leur voix ou le bruit qu'elles font en marchant.

Des chiffres étonnants

Un homme effectue 15 000 respirations par jour.

Un être humain est capable de distinguer 4 000 odeurs différentes.

Un adulte produit 1 litre et demi d'urine et de salive par

Illusions d'optique

L'œil capte de la lumière que le cerveau transforme en images. Mais, parfois, le cerveau se trompe et nous fait voir des images qui ne correspondent pas exactement à la réalité.

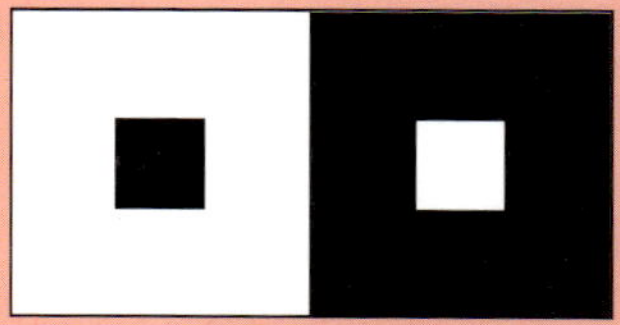

Le carré blanc semble plus grand que le carré noir, alors que les deux carrés sont de la même taille.

Courageux fakirs

En Inde et au Pakistan, certains religieux possèdent des pouvoirs extraordinaires : ils ne ressentent pas la douleur. Ce sont des fakirs.

Assis sur une planche de clous ou allongés dans un buisson d'épines, les fakirs s'habituent à souffrir. Ils pensent que, s'ils réussissent à dominer la douleur, ils deviendront des êtres meilleurs. Mais, heureusement, certaines parties du corps sont moins sensibles que d'autres. C'est pourquoi des fakirs parviennent à se transpercer les joues avec une grosse aiguille de métal.

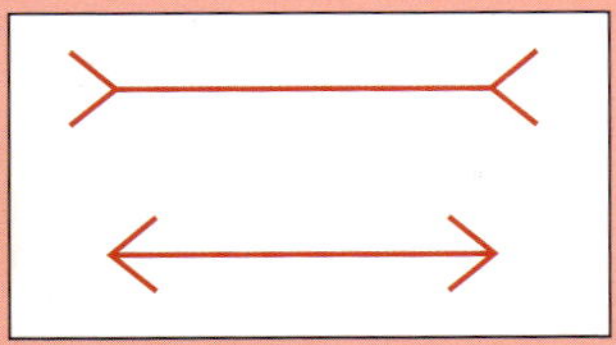

La ligne du bas semble plus petite que la ligne du haut. En réalité, ces deux lignes ont la même longueur.

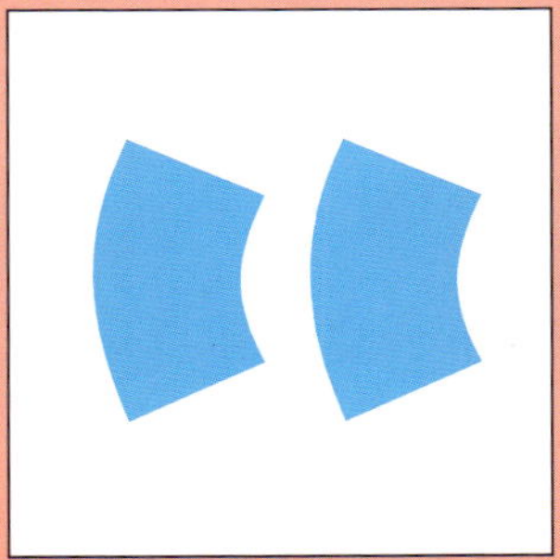

La bande bleue à droite semble plus haute que la bande bleue à gauche. En fait, elles ont la même hauteur.

Quand on regarde ces carrés, on a l'impression qu'il y a des taches grises au croisement des lignes blanches, mais ce n'est pas vrai.

Qu'est-ce que c'est ?

Devine ce que ces deux photos représentent.

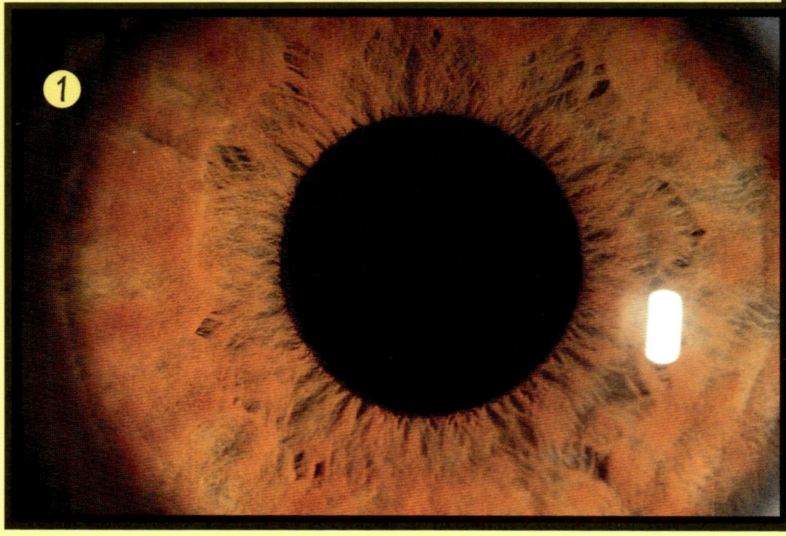

SOLUTIONS : 1-La pupille d'un œil. 2-Les papilles de la langue.

Des petits troubles

Parfois, le diaphragme a des spasmes : c'est le hoquet.

On éternue quand des poussières irritent le nez.

Quand on reste longtemps dans l'eau, la substance huileuse qui recouvre la peau s'en va et la peau se fripe.

On bâille quand le corps manque un peu d'oxygène.

Quand la circulation du sang a été un peu comprimée, on ressent des picotements.

Le mal de mer

Quand la mer est mauvaise, l'oreille interne, qui détermine notre équilibre, informe le cerveau du mouvement des vagues. Si, au même moment, nos yeux ne suivent pas bien ce mouvement, nous avons mal au cœur.

DU BÉBÉ À L'ADULTE

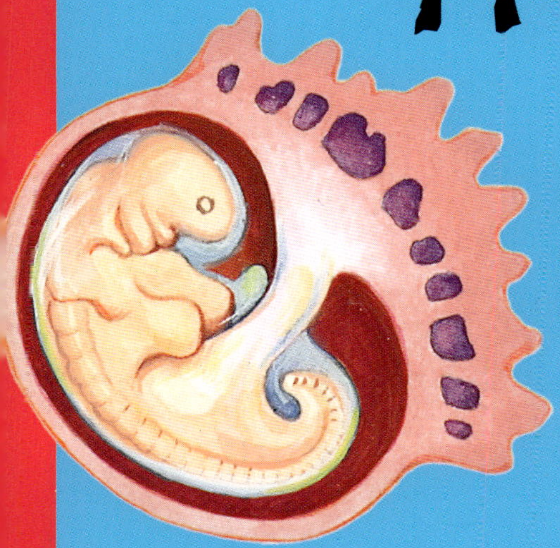

Pendant 9 mois, le bébé se développe dans le ventre de sa maman.

À douze ans, le corps se transforme. L'enfant va peu à peu devenir un adulte.

Entre zéro et six ans, un enfant apprend à marcher, à parler, à devenir plus indépendant.

Comment se font les bébés

Pour faire un bébé, il faut qu'une cellule sexuelle d'un homme, un spermatozoïde, rencontre une cellule sexuelle d'une femme, un ovule. La rencontre de ces deux cellules forme la première cellule du bébé.

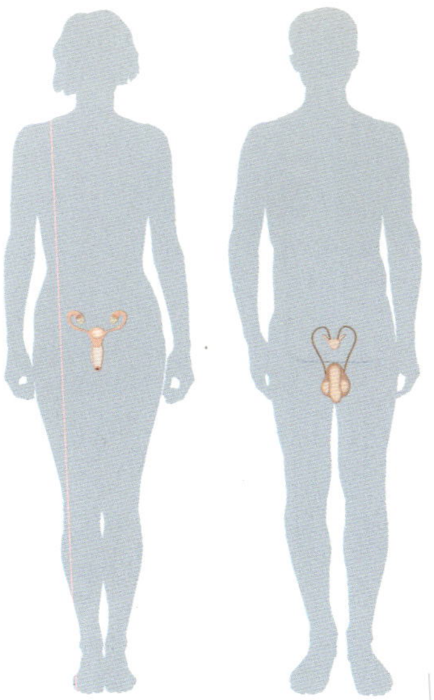

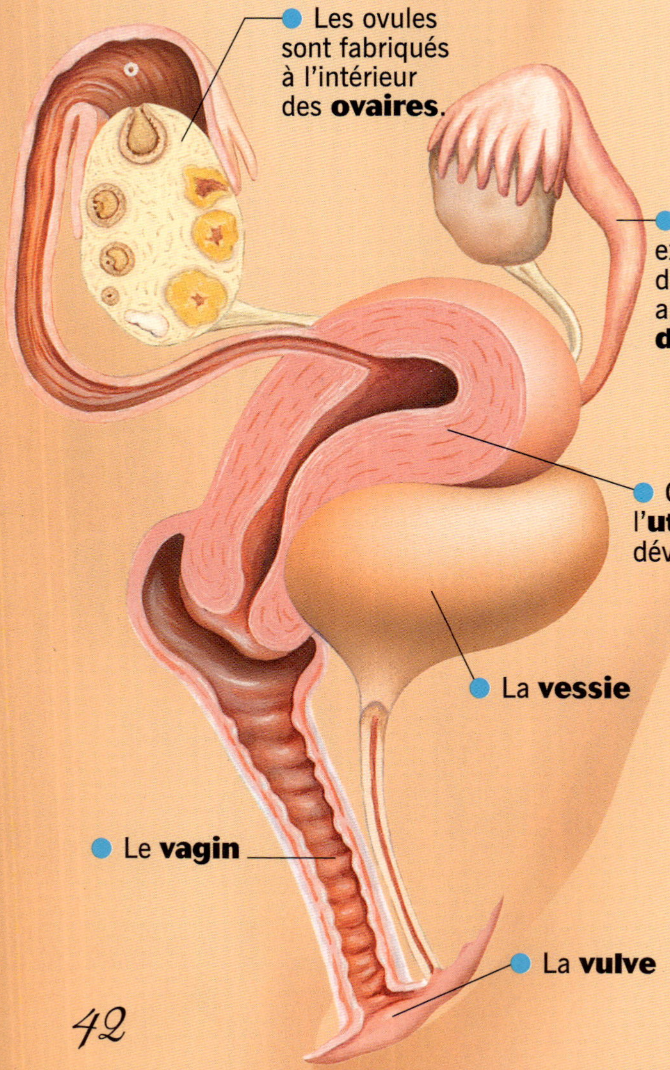

Les organes sexuels

L'homme et la femme ont un sexe différent. Le sexe de l'homme s'appelle le pénis. Le sexe de la femme s'appelle la vulve. Les organes* sexuels se prolongent à l'intérieur du corps, mais on ne les voit pas. Ils produisent les cellules de la reproduction, celles qui permettent de faire des bébés.

Un ovule et des millions de spermatozoïdes

Chez l'homme, les cellules de la reproduction s'appellent des spermatozoïdes*. L'homme en fabrique des millions chaque jour dans ses testicules*. Ils sortent du pénis dans un liquide appelé le sperme. Chez la femme, les cellules de la reproduction s'appellent les ovules*. Chaque mois, les ovaires*, qui se trouvent à l'intérieur du ventre de la femme, fabriquent un seul ovule.

Quand un homme et une femme font l'amour, font-ils toujours un bébé ?
Non, il faut que ce soit le bon moment, c'est-à-dire que l'ovule de la femme ait fini d'être fabriqué et qu'il se trouve dans la trompe. C'est possible de faire un bébé pendant environ trois jours, chaque mois.

Et quand ils ne veulent pas de bébé, ils ne font pas l'amour ?
Si, mais ils doivent faire attention à ce qu'un spermatozoïde ne rencontre pas un ovule.

Comment ?
La femme peut prendre un médicament qui s'appelle la pilule et qui l'empêche de fabriquer les ovules. Ou bien l'homme entoure son pénis d'un étui en plastique très fin qui s'appelle un préservatif.

Faire l'amour

Quand un homme et une femme font l'amour, ils s'embrassent, se caressent et s'enlacent. Le pénis de l'homme s'allonge, devient dur et se redresse. Il peut ainsi pénétrer à l'intérieur du sexe de la femme, dans le vagin. C'est un moment de grand plaisir pour l'homme et pour la femme. Quand le plaisir est le plus fort, le sperme jaillit dans le vagin de la femme, avec ses millions de spermatozoïdes.

LA RENCONTRE D'UN SPERMATOZOÏDE ET D'UN OVULE

Quelques milliers de spermatozoïdes remontent jusqu'aux trompes de la femme. S'il y a un **ovule** dans les trompes, les **spermatozoïdes** l'entourent.

Le **premier spermatozoïde** qui réussit à pénétrer dans l'ovule se mélange avec lui pour former la première cellule du futur bébé.

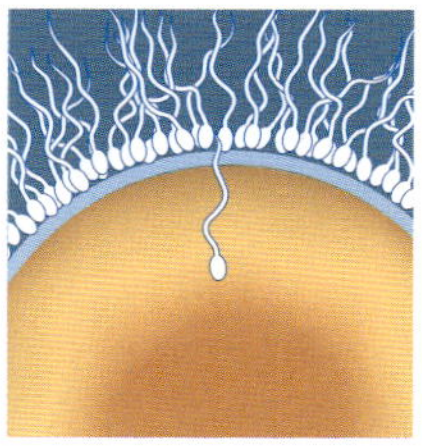

LES ORGANES SEXUELS DE L'HOMME

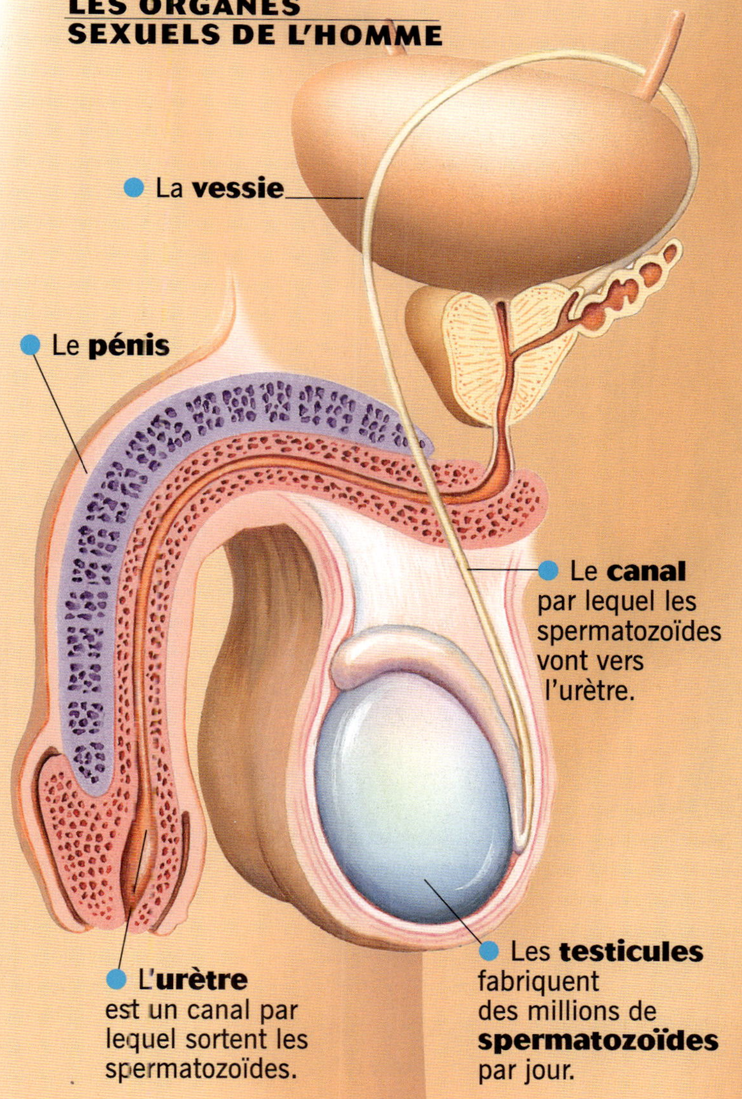

Neuf mois pour naître

Le bébé se développe dans le ventre de sa mère. Il faut environ neuf mois pour que le bébé soit prêt à naître : c'est la grossesse.

Le début de la vie

La rencontre d'un spermatozoïde* et d'un ovule* forme une cellule que l'on appelle un œuf. Une fois formé, l'œuf roule dans la trompe et descend dans l'utérus*. Pendant ce voyage l'œuf se divise pour former deux cellules, puis quatre, et ainsi de suite. Il ressemble alors à une petite mûre.

L'œuf est d'abord formé d'**une cellule** unique.

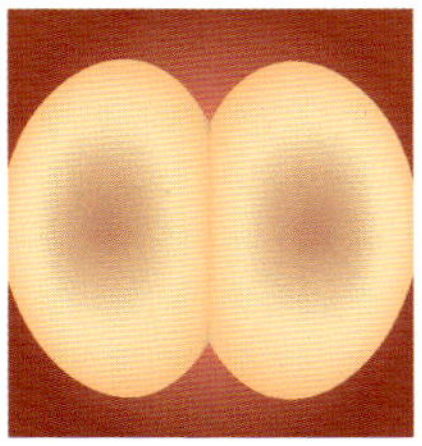

L'œuf se divise en **deux cellules**.

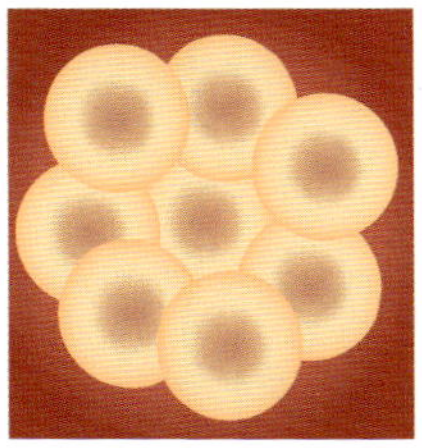

L'œuf se divise en **plusieurs cellules**.

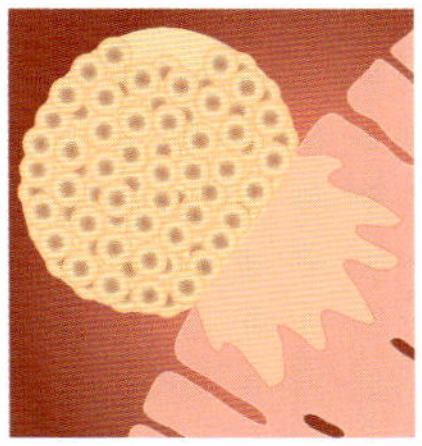

L'œuf s'accroche dans l'**utérus**.

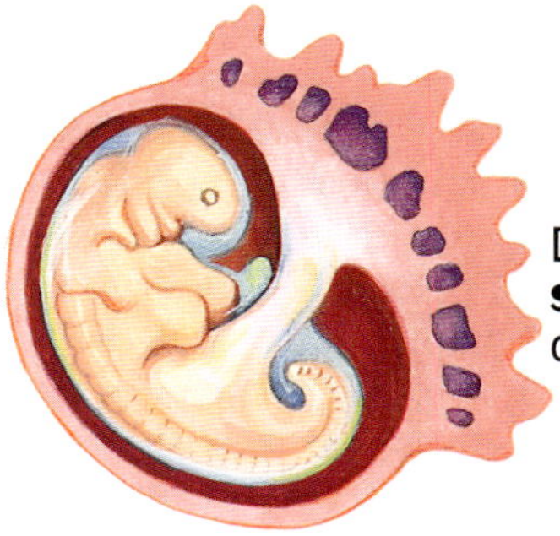

Dès la **troisième semaine**, le cœur commence à battre.

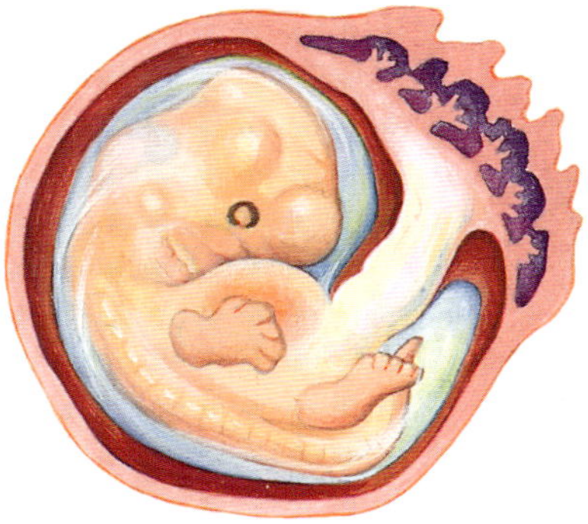

Pendant le **deuxième mois**,les bras et les jambes apparaissent, puis les mains et les pieds. Le visage se forme.

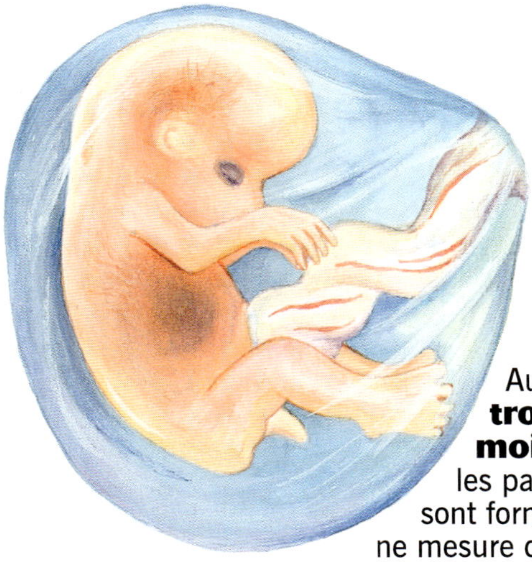

Au milieu du **troisième mois**, toutes les parties du corps sont formées. Le bébé ne mesure que 10 cm. Il va continuer à grandir jusqu'à la fin de la grossesse.

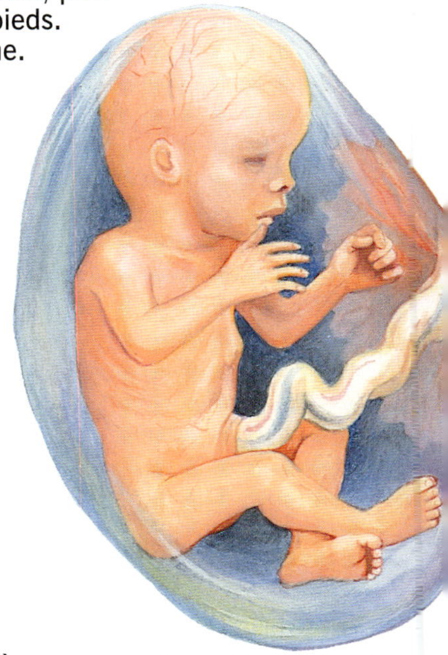

À partir du **cinquième mois**, le bébé entend les bruits à l'intérieur du corps de sa mère et les sons de l'extérieur. Sa maman le sent bouger dans son ventre.

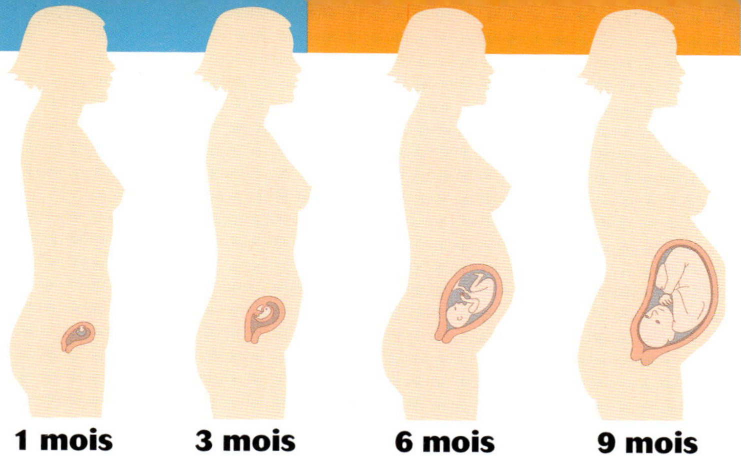

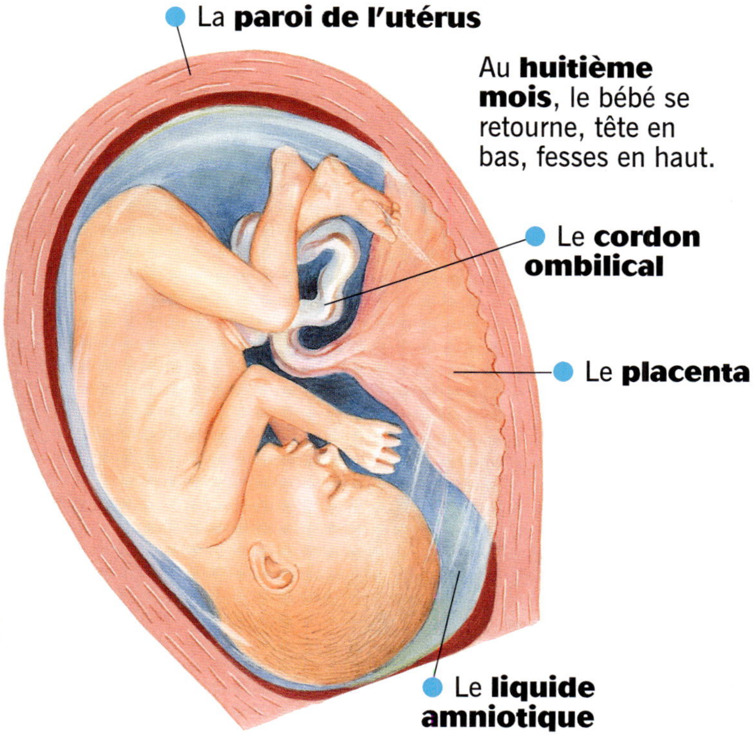

Au **huitième mois**, le bébé se retourne, tête en bas, fesses en haut.

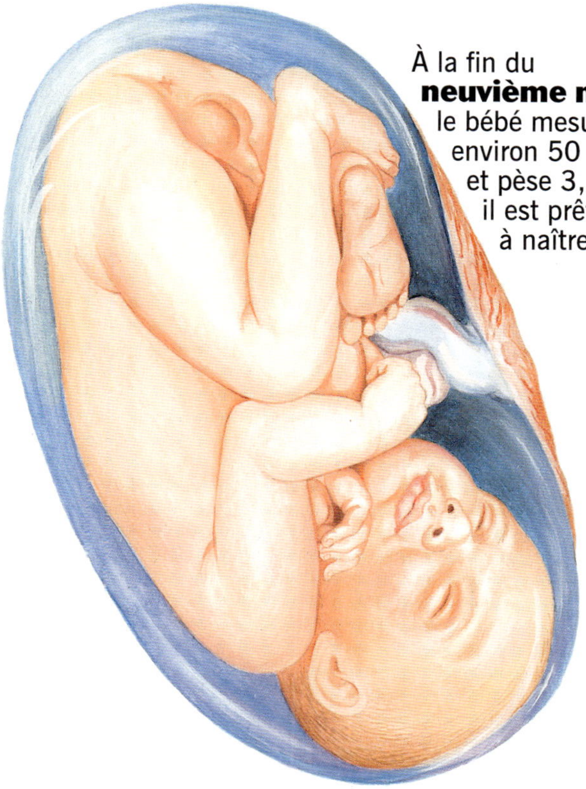

À la fin du **neuvième mois**, le bébé mesure environ 50 cm et pèse 3,2 kg, il est prêt à naître.

Dans le ventre de sa mère

Le bébé baigne confortablement dans un liquide, le liquide amniotique*. Tout ce dont il a besoin pour vivre et se développer lui est donné par le sang de sa mère, à travers le placenta*. D'un côté, le placenta est accroché à l'utérus de la mère ; de l'autre, il est relié au bébé par le cordon ombilical*.

? Est-ce qu'une femme peut avoir plusieurs bébés dans son ventre ?
Oui, parfois une femme porte deux bébés dans son ventre : on les appelle des jumeaux.

Comment cela arrive-t-il ?
Cela arrive quand une femme a fabriqué deux ovules en même temps et qu'ils ont chacun rencontré un spermatozoïde, ou quand l'œuf s'est divisé en deux œufs identiques.

Pourquoi les jumeaux ne se ressemblent-ils pas toujours?
Les jumeaux qui sont issus de deux ovules et de deux spermatozoïdes ne se ressemblent pas plus que des frères et sœurs : ce sont des faux jumeaux. Les jumeaux qui sont issus d'un seul œuf qui s'est divisé en deux œufs identiques sont des vrais jumeaux : ces deux œufs donneront naissance à deux enfants identiques.

La naissance

Après neuf mois dans le ventre de sa maman, le bébé est suffisamment développé pour pouvoir poursuivre sa vie en dehors : c'est le moment pour lui de naître.

La naissance du bébé

Tout commence par des contractions de l'utérus*. D'abord peu nombreuses, elles deviennent de plus en plus fréquentes. À chaque contraction, le ventre de la mère devient très dur et le bébé est poussé vers le bas. En même temps, l'utérus s'ouvre pour que le bébé puisse sortir. Au bout de quelques heures, l'ouverture, située en bas de l'utérus, est suffisamment grande pour laisser passer le bébé. Le bébé sort de l'utérus et passe à travers le sexe de sa mère. La tête du bébé apparaît en premier. Elle est suivie très vite de tout son corps.

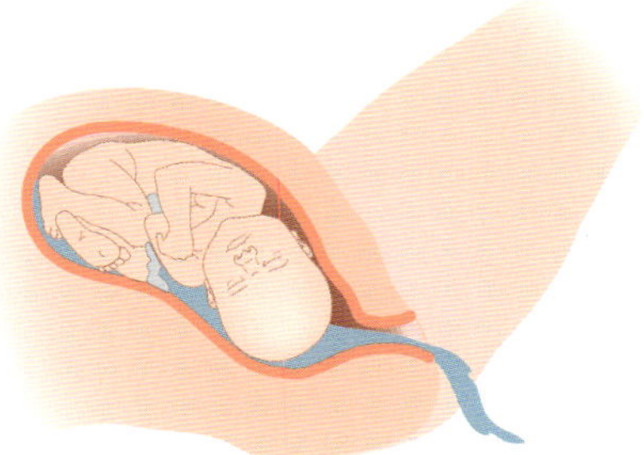

Quand le bébé est prêt à naître, les muscles de l'utérus se contractent et ouvrent l'orifice situé en bas de l'utérus. Le liquide dans lequel baignait le bébé s'écoule par le sexe de la femme.

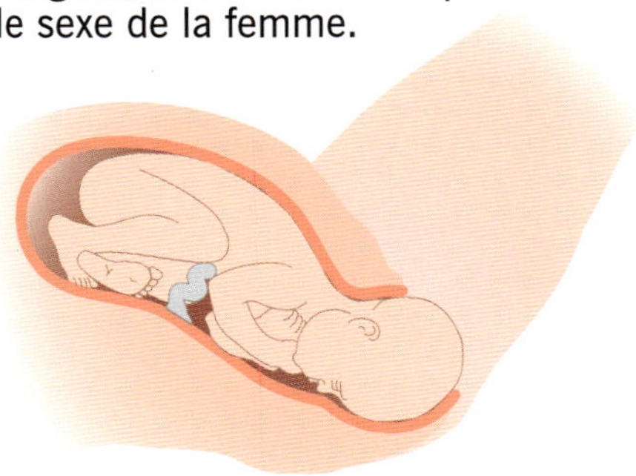

Lorsque l'ouverture de l'utérus est assez grande, le bébé sort de l'utérus puis passe par le sexe de sa mère.

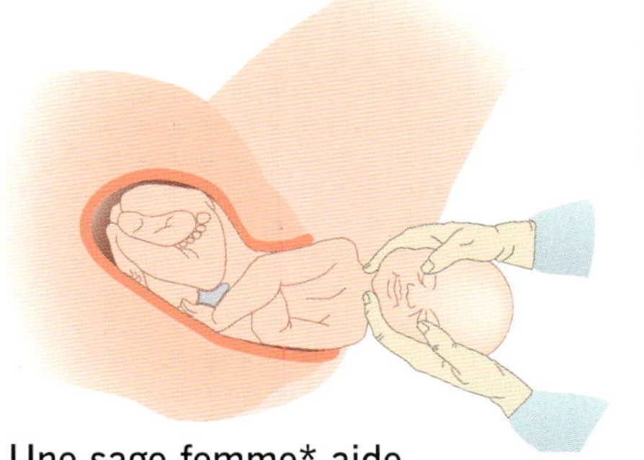

Une sage-femme* aide le bébé à sortir en l'attrapant par la tête.

Dès que le bébé est né, il est déposé sur le ventre de sa maman. Même tout petit, le bébé sent les odeurs, entend et voit. Il reconnaît l'odeur et la voix de ses parents. Il a besoin de se sentir aimé et protégé.

Bébé est né

Dès sa naissance, le bébé respire par lui-même et pourra bientôt manger : on peut donc couper le cordon ombilical*. Ça ne fait mal ni au bébé ni à la maman. Nous gardons pendant toute notre vie une petite cicatrice du cordon ombilical : c'est le nombril. Juste après sa naissance, le bébé est déposé sur le ventre de sa mère. Il est ensuite pesé, mesuré, lavé puis habillé.

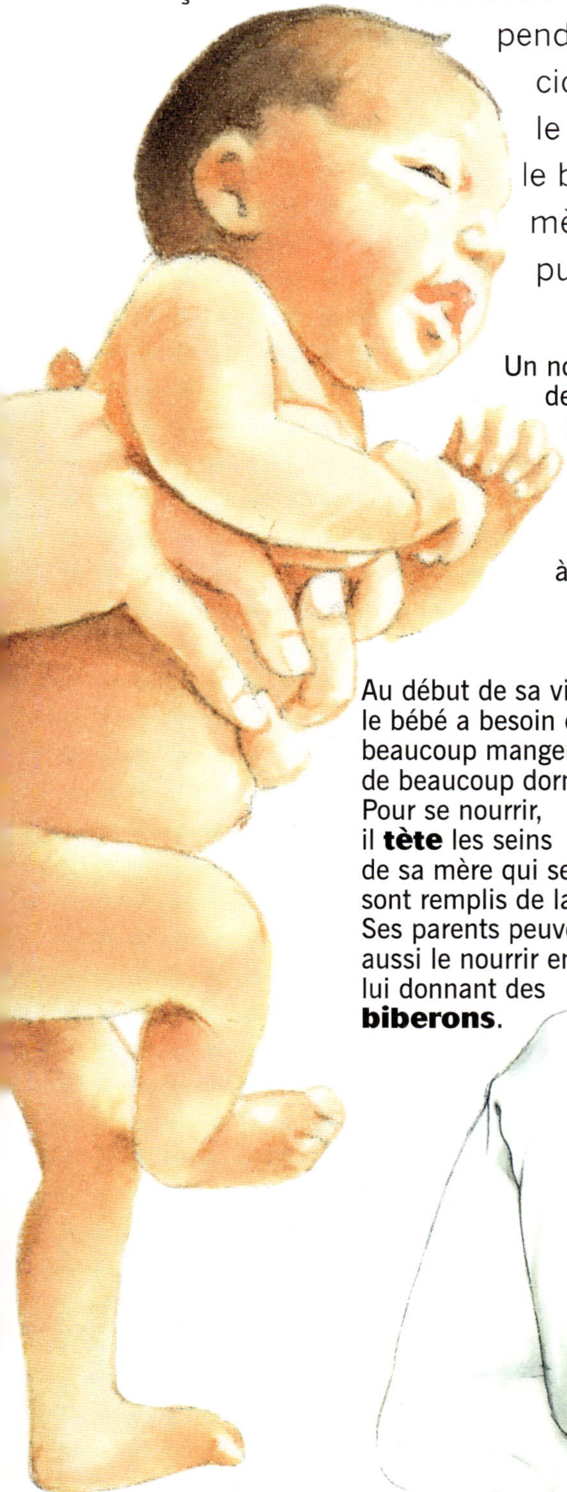

Un nouveau-né est capable de faire **quelques pas** si on le tient sous les bras. C'est un réflexe* qui disparaîtra au bout de cinq à six semaines.

Un bébé ne parle pas, mais il sait bien se faire comprendre : il **pleure** quand il a faim, quand il a mal ou quand il a peur ; il **sourit**, pousse des petits cris ou des soupirs.

Au début de sa vie, le bébé a besoin de beaucoup manger et de beaucoup dormir. Pour se nourrir, il **tète** les seins de sa mère qui se sont remplis de lait. Ses parents peuvent aussi le nourrir en lui donnant des **biberons**.

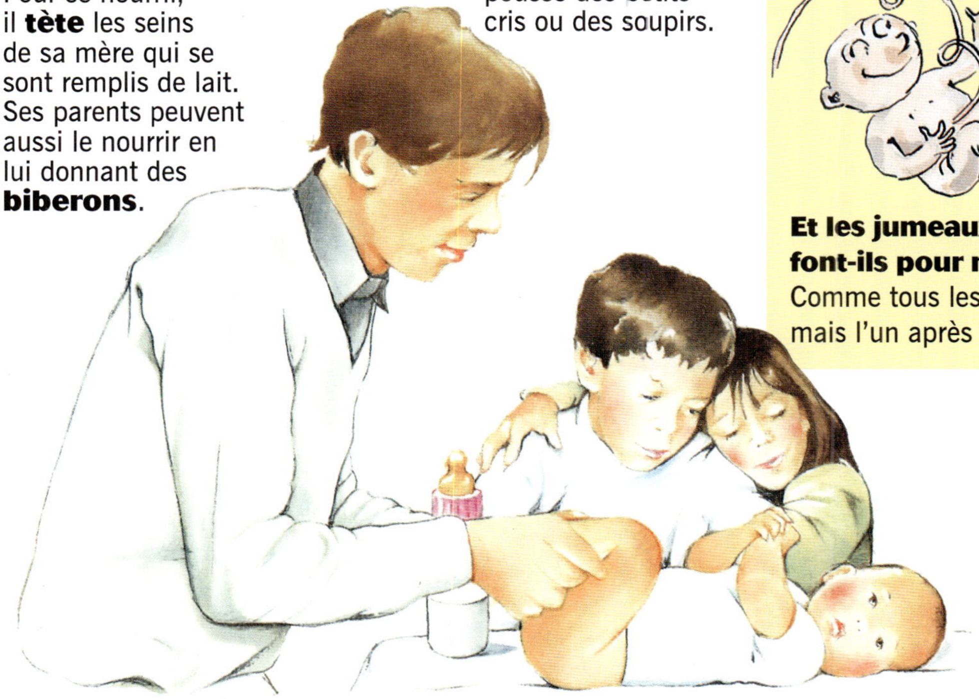

? Est-ce qu'il arrive qu'un bébé ne puisse pas sortir du ventre de sa mère ?
Parfois, l'utérus ne s'ouvre pas assez pour que le bébé puisse naître. Soit parce que le bébé présente ses fesses en premier, soit parce que le bébé est un peu trop gros.

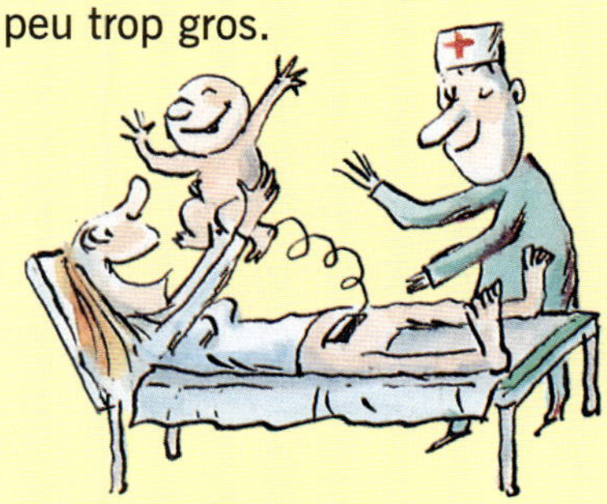

Comment fait-on pour sortir le bébé ?
Le médecin ouvre le ventre et l'utérus de la maman pour sortir le bébé. C'est ce qu'on appelle une césarienne.

Et les jumeaux, comment font-ils pour naître ?
Comme tous les autres bébés, mais l'un après l'autre.

Grandir

L'enfance commence aux premiers jours de la vie et se termine à l'âge de douze ans environ. C'est une période pendant laquelle le corps grandit et se développe.

L'enfant grandit et grossit

Le corps grandit pendant toute l'enfance : c'est la croissance. Le corps s'allonge parce que les os grandissent. Ils grandissent à la fois en longueur et en largeur. Vers l'âge de vingt ans, les os ont fini de grandir et nous avons notre taille définitive.

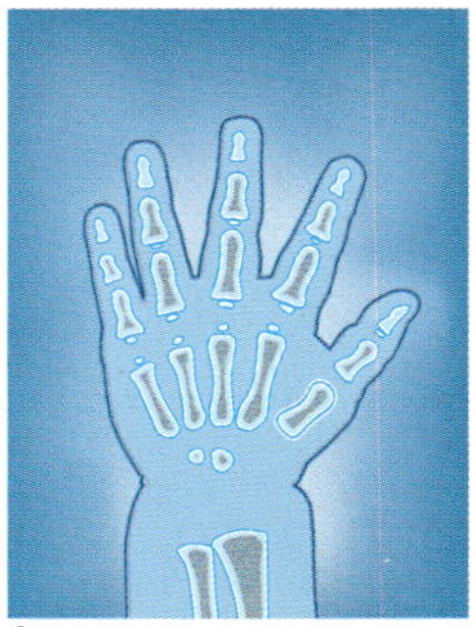

À la **naissance**, tous les os ne sont pas complètement formés. Ils contiennent une matière molle, le cartilage, qui va se transformer peu à peu en os dur.

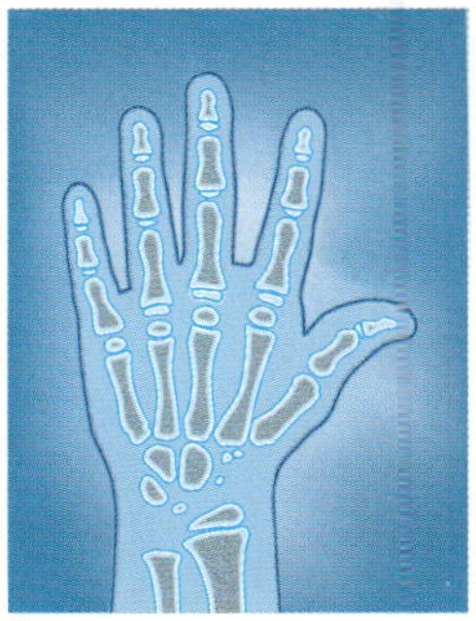

À **deux ans**, le cartilage des os de la main a été en partie remplacé par de l'os dur. Mais les os du poignet sont constitués surtout de cartilage.

Toutes les parties du corps grandissent

Tous les organes* grandissent, mais ils ne se développent pas tous à la même vitesse. Par exemple, le cerveau et donc la tête se développent très vite pendant les premières années de la vie. À trois ans, la tête d'un enfant a presque la même taille que celle d'un adulte.

Au cours de la croissance, les proportions du corps changent.

Un **bébé** a une grosse tête et de petites jambes.

Un **enfant de 7 ans** a presque sa tête d'adulte.

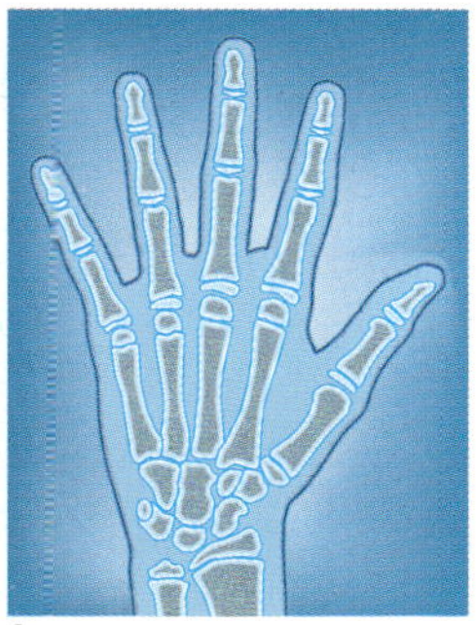

À **trois ans**, le cartilage des os du poignet a été en partie remplacé par de l'os dur. Les os de la main et des doigts ne sont pas encore complètement formés.

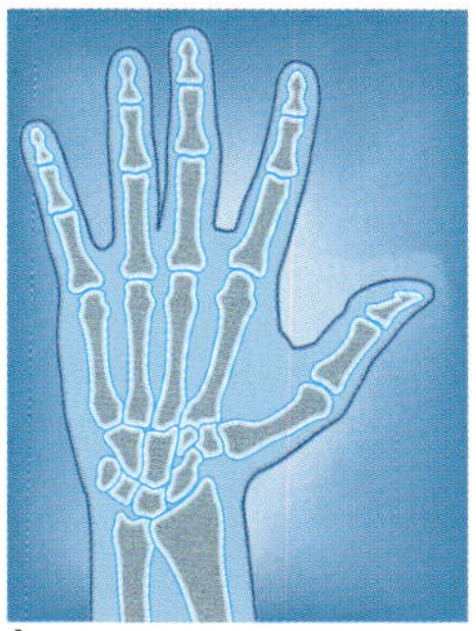

À **quatorze ans** environ, tous les os du poignet, de la main et des doigts sont durs. Ils ont presque atteint leur taille définitive.

Les dents poussent

À la naissance, les dents sont des petits bourgeons situés dans la mâchoire. Ils ne sont pas visibles. Les premières dents du bébé sortent entre le sixième mois et la deuxième année de sa vie. On les appelle les dents de lait. Vers l'âge de six ans, les dents de lait tombent et sont remplacées par d'autres dents. L'enfant les gardera pendant toute sa vie.

Un **adulte** a une petite tête et de grandes jambes.

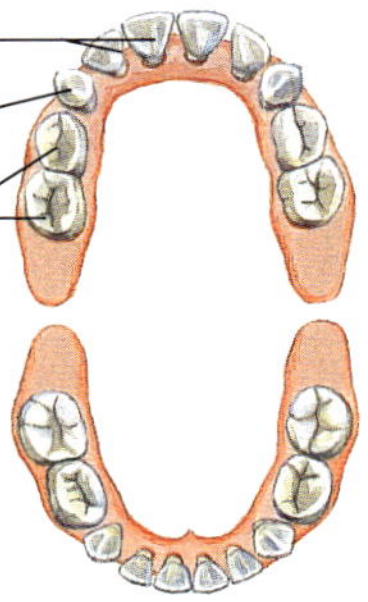

Un petit enfant possède **20 dents de lait**.

Une dentition de lait est composée de 8 incisives, de 4 canines et de 8 molaires.

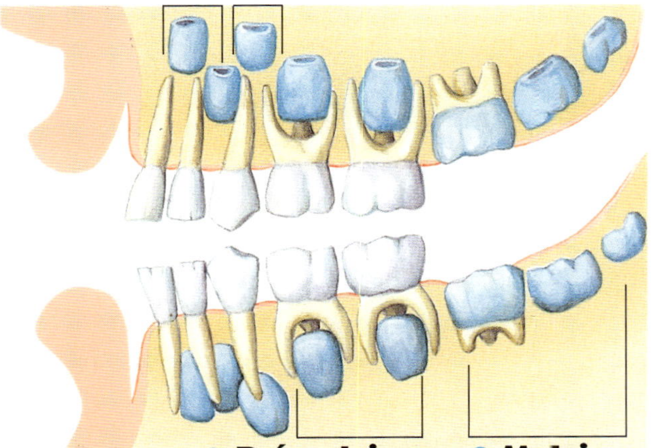

Les **dents définitives** (dessinées en bleu) se trouvent sous les dents de lait. Une mâchoire d'adulte contient 8 incisives, 4 canines, 8 prémolaires et 12 molaires.

Est-ce qu'un enfant plus petit que les enfants de son âge sera un petit adulte ?
Pas forcément. Chaque personne a son propre rythme pour grandir.

Un enfant peut-il se mettre à grandir très vite ?
Oui, de même que les enfants grands peuvent se mettre à grandir moins vite, ou bien s'arrêter de grandir un peu plus tôt.

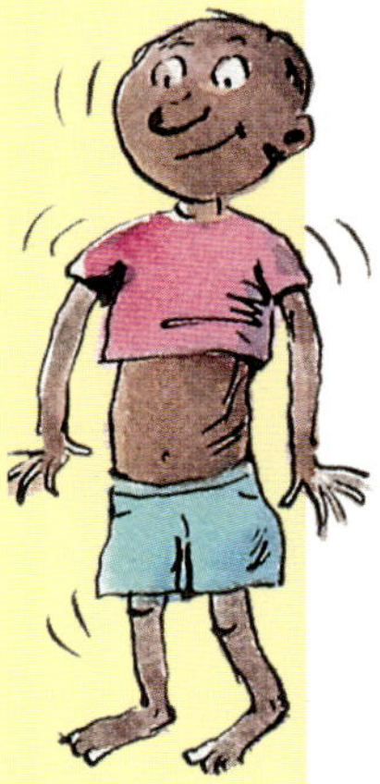

Peut-on le savoir par avance ?
Non, la taille définitive dépend de beaucoup de choses. Mais un enfant qui a des parents grands a de bonnes chances d'être grand lui aussi.

Apprendre

Pendant les premières années de sa vie, l'enfant apprend à marcher, à courir, à parler, à lire, à vivre avec les autres. Tous ces apprentissages vont lui permettre de se débrouiller de plus en plus par lui-même.

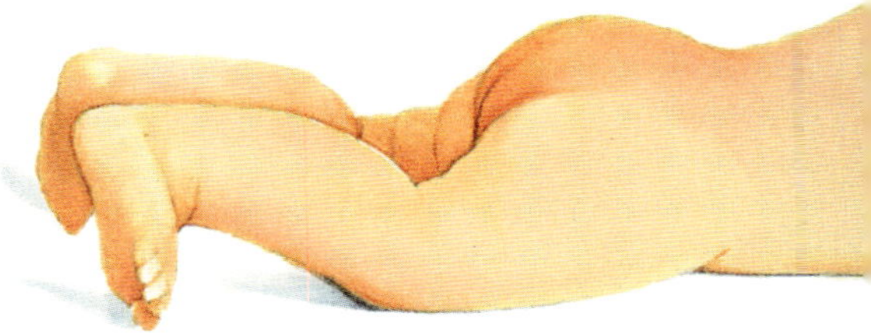

3 mois
Le bébé tient sa tête droite, il gazouille.

Le bébé apprend à se servir de son corps

Petit à petit, le bébé va acquérir de la force grâce au développement de ses muscles. Il va également apprendre à contrôler ses mouvements et à les rendre plus précis. Pour jouer au ballon, il faut avoir appris beaucoup de choses : bien coordonner ses mouvements pour courir ; avoir le sens de l'équilibre pour ne pas tomber ; bien contrôler la force de ses mouvements pour lancer le ballon ; savoir apprécier la distance entre la balle et ses mains pour attraper la balle.

6 mois
Le bébé tient assis. Il peut saisir un objet.

1 an à 1 an et demi
Le bébé commence à se mettre debout. Il apprend à marcher. Il dit « maman » et « papa ».

Le bébé apprend à parler

Le tout petit bébé ne parle pas, mais il a son propre langage : des cris, des grognements, des babils*. Puis il essaie d'imiter les sons et les paroles qu'il entend. Vers un an, le bébé dit ses premiers mots : le plus souvent « maman », « papa » et « non ». Vers deux ans, le bébé connaît de plus en plus de mots et commence à faire des phrases.

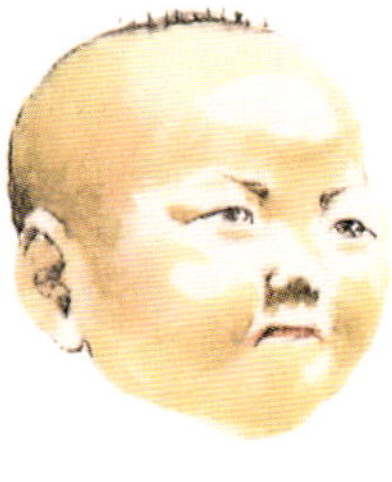

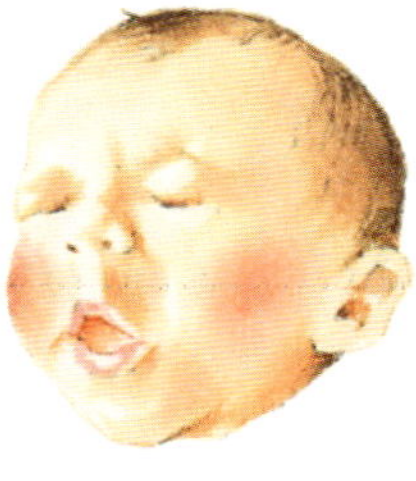

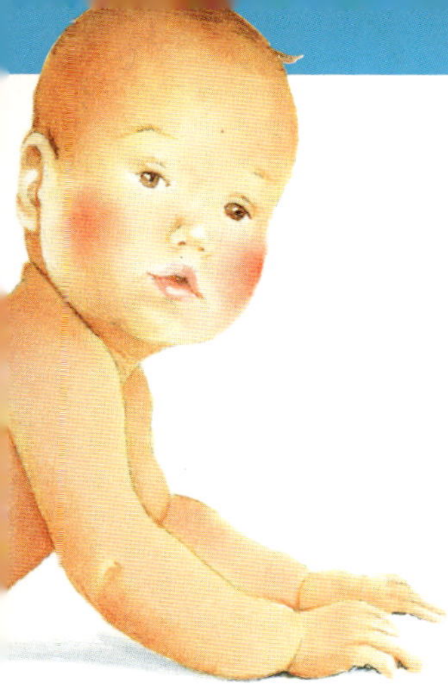

1 an et demi à 2 ans
Le bébé monte un escalier. Il commence à courir. Il lance une balle et dit plusieurs mots.

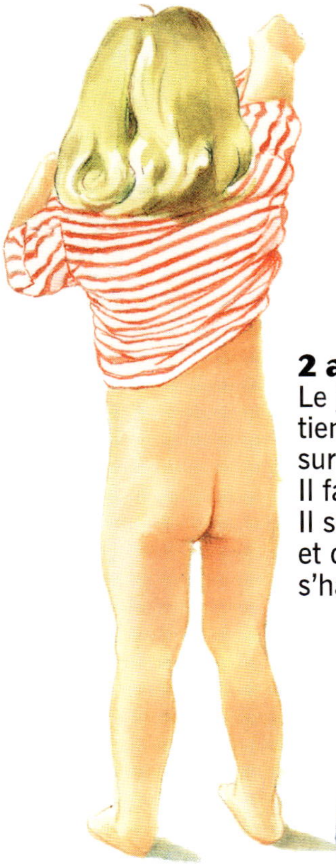

2 ans à 3 ans
Le jeune enfant tient en équilibre sur un pied. Il fait des phrases. Il sait manger seul et commence à s'habiller tout seul.

Vers 6 ans
L'enfant apprend à lire, à écrire et à compter. Il fait de la bicyclette. Il peut apprendre à nager.

Est-ce que tous les enfants apprennent les mêmes choses en même temps ?

Non, chaque enfant a son propre rythme. Certains enfants marchent très tôt et parlent plus tard. Pour d'autres, c'est l'inverse.

Est-ce qu'on est meilleur que les autres quand on apprend quelque chose plus tôt ?

Bien sûr que non. Ce n'est pas parce qu'on marche à un an plutôt qu'à un an et demi qu'on marchera mieux quand on sera grand.

Y a-t-il quand même des choses qu'on fait mieux que d'autres ?
Chaque personne développe ses préférences et ses compétences. C'est aussi pourquoi nous sommes tous différents.

Devenir adulte

Entre 10 et 15 ans, le corps des garçons et des filles se transforme lentement et ressemble de plus en plus à celui d'un adulte : c'est la puberté.

Les filles et les garçons

La puberté est une période de la vie pendant laquelle le corps grandit beaucoup et se transforme en un corps d'adulte. La puberté dure plusieurs années. Elle commence plus tôt chez les filles que chez les garçons : entre 10 et 12 ans chez les filles, entre 12 et 14 ans chez les garçons. Elle s'achève lorsque les organes* sexuels se mettent à fonctionner comme ceux des adultes : les ovaires* des filles produisent des ovules*, les testicules* des garçons fabriquent des spermatozoïdes*.

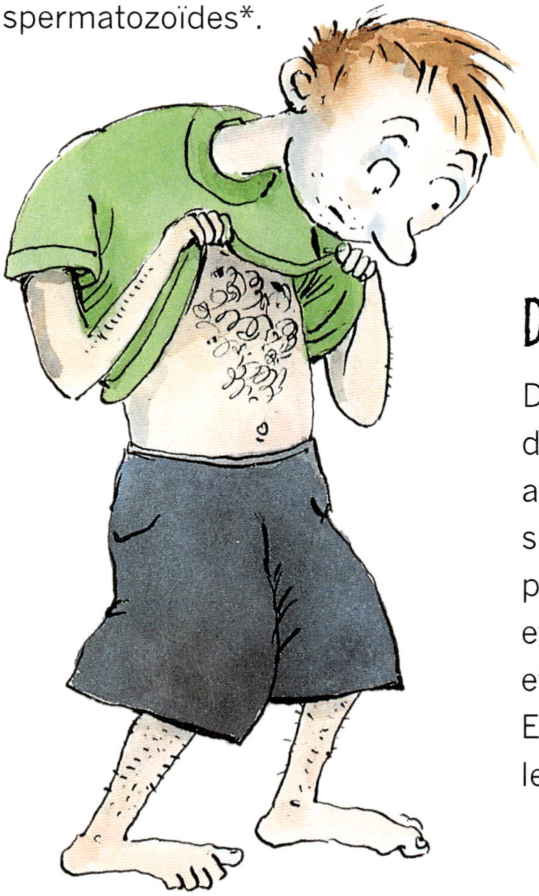

Du garçon à l'homme

Des poils commencent d'abord à pousser autour du pénis et sous les bras. Une petite moustache apparaît ensuite, ainsi que les premiers poils sur le menton. La voix se modifie et devient plus grave : c'est la mue*. Le pénis s'allonge et grossit. Les testicules grossissent aussi et se mettent à produire des spermatozoïdes. En même temps que leur corps grandit, les épaules des garçons s'élargissent.

De la fille à la femme

Les seins commencent à se développer et des poils apparaissent sous les bras et autour de la vulve. 2 ou 3 ans plus tard, les ovaires commencent à fonctionner et fabriquent un ovule chaque mois. Au même moment, les premières règles apparaissent : chaque mois, un peu de sang s'écoule par le vagin pendant 3 à 5 jours. Tandis que leur corps s'allonge, la taille des filles s'amincit et leurs hanches deviennent plus larges.

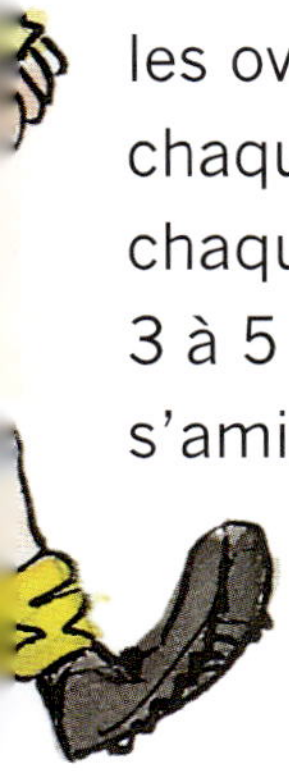

Changer dans sa tête

Les garçons et les filles ont envie d'être plus libres, de s'habiller comme ils veulent, de sortir avec leurs amis. Parfois ils s'opposent violemment à leurs parents. Ils sont aussi inquiets : il faut qu'ils s'habituent à leur nouveau corps. Souvent, ils ont à la fois envie et peur de devenir adultes.

Pourquoi les filles ont-elles des règles ?
Chaque mois, tandis que les ovaires fabriquent un ovule, l'utérus* se prépare à accueillir un bébé : le tissu* qui tapisse l'intérieur de l'utérus se gonfle de sang.

Est-ce que c'est ce sang qui coule pendant les règles ?
Oui. Lorsque l'ovule n'a pas rencontré de spermatozoïde, il n'y a pas de bébé qui vient s'accrocher dans l'utérus et ce sang ne sert plus à rien. Le corps va donc l'éliminer.

Comment les filles font-elles pour ne pas se tacher ?
Elles placent dans leur culotte une sorte de couche ou elles introduisent dans leur vagin un petit tube de coton qui absorbe le sang.

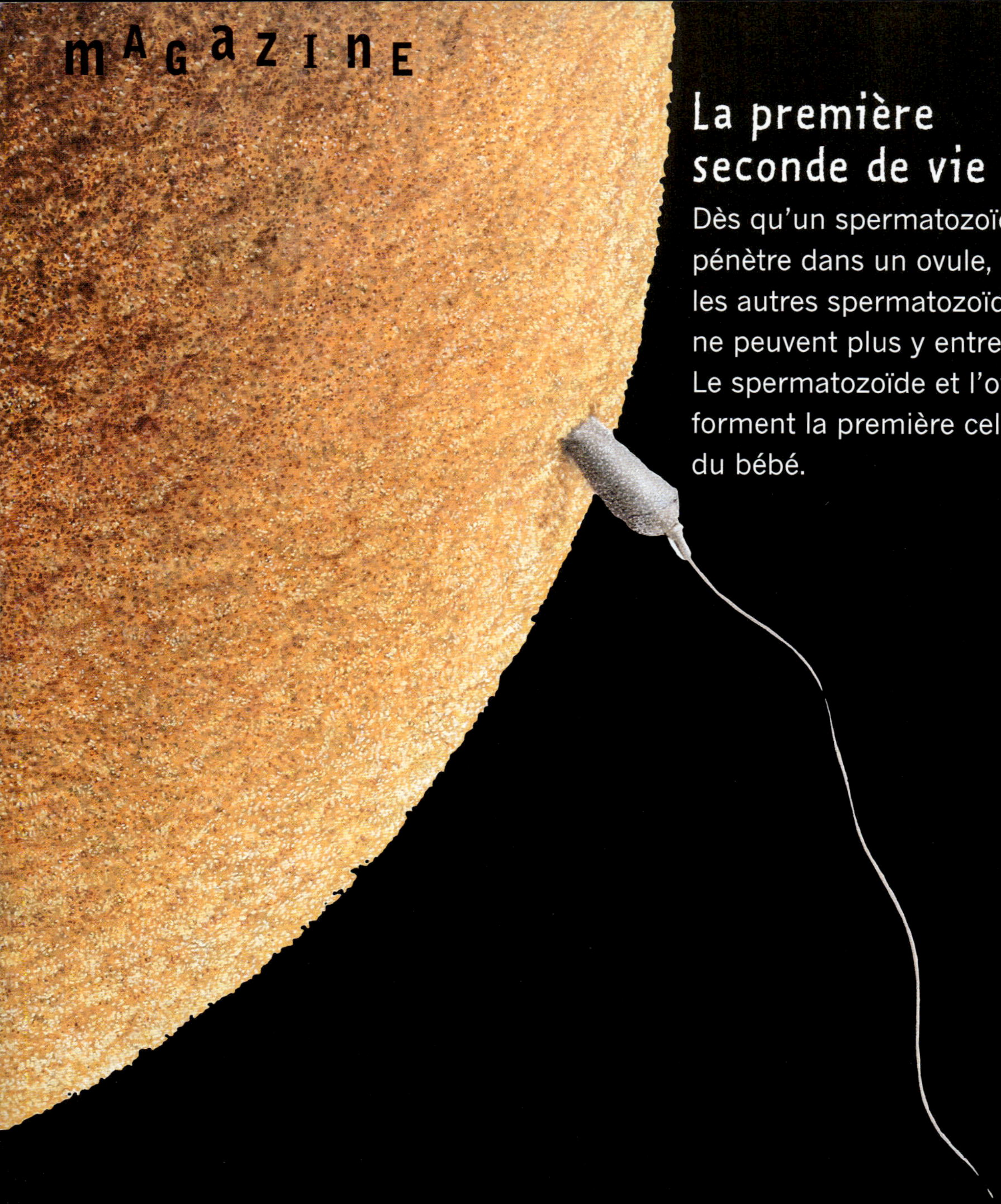

La première seconde de vie

Dès qu'un spermatozoïde pénètre dans un ovule, les autres spermatozoïdes ne peuvent plus y entrer. Le spermatozoïde et l'ovule forment la première cellule du bébé.

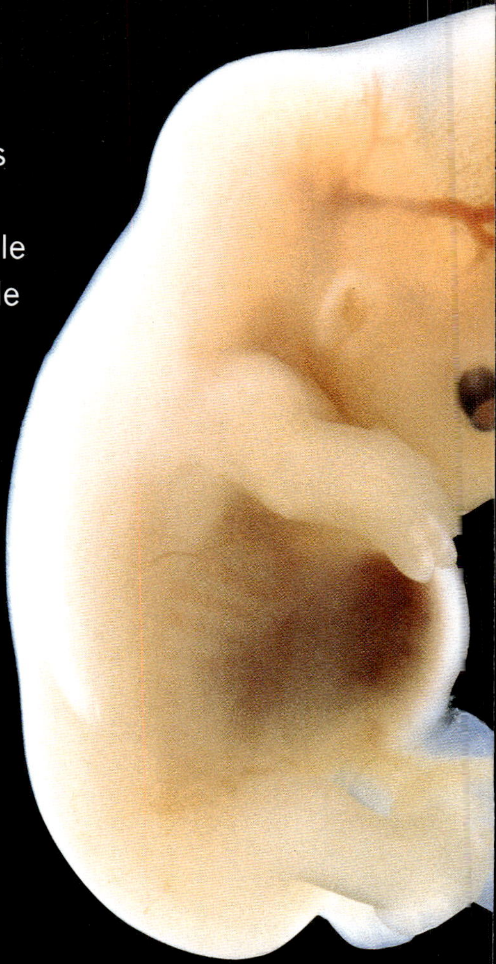

La vie avant la naissance

Un bébé se développe pendant 9 mois dans le ventre de sa mère. Au tout début, il est constitué d'une seule cellule. Celle-ci mesure un dizième de millimètre. Juste avant sa naissance, le bébé mesure environ 50 cm. Sa taille a donc été multipliée par 5 000.

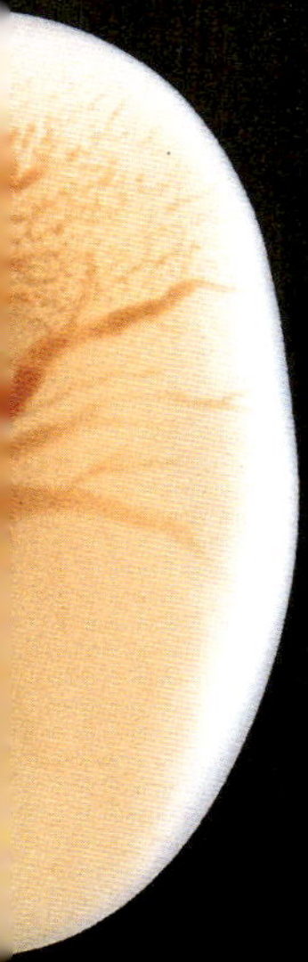

6 semaines plus tard

Le bébé mesure 8 mm.
Les yeux paraissent énormes car ils n'ont pas de paupières.
Les bras et les jambes commencent à se développer.

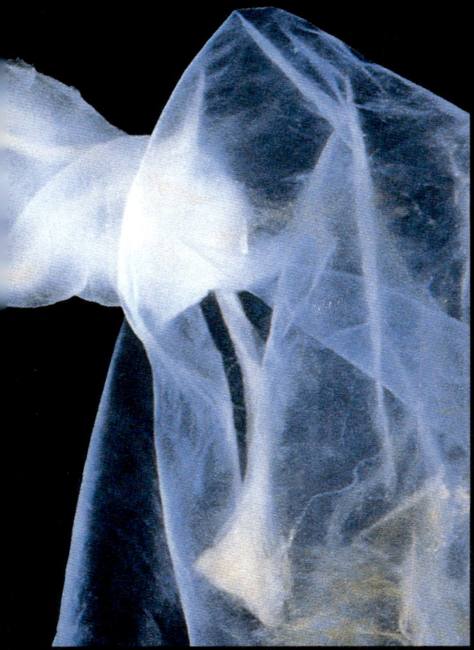

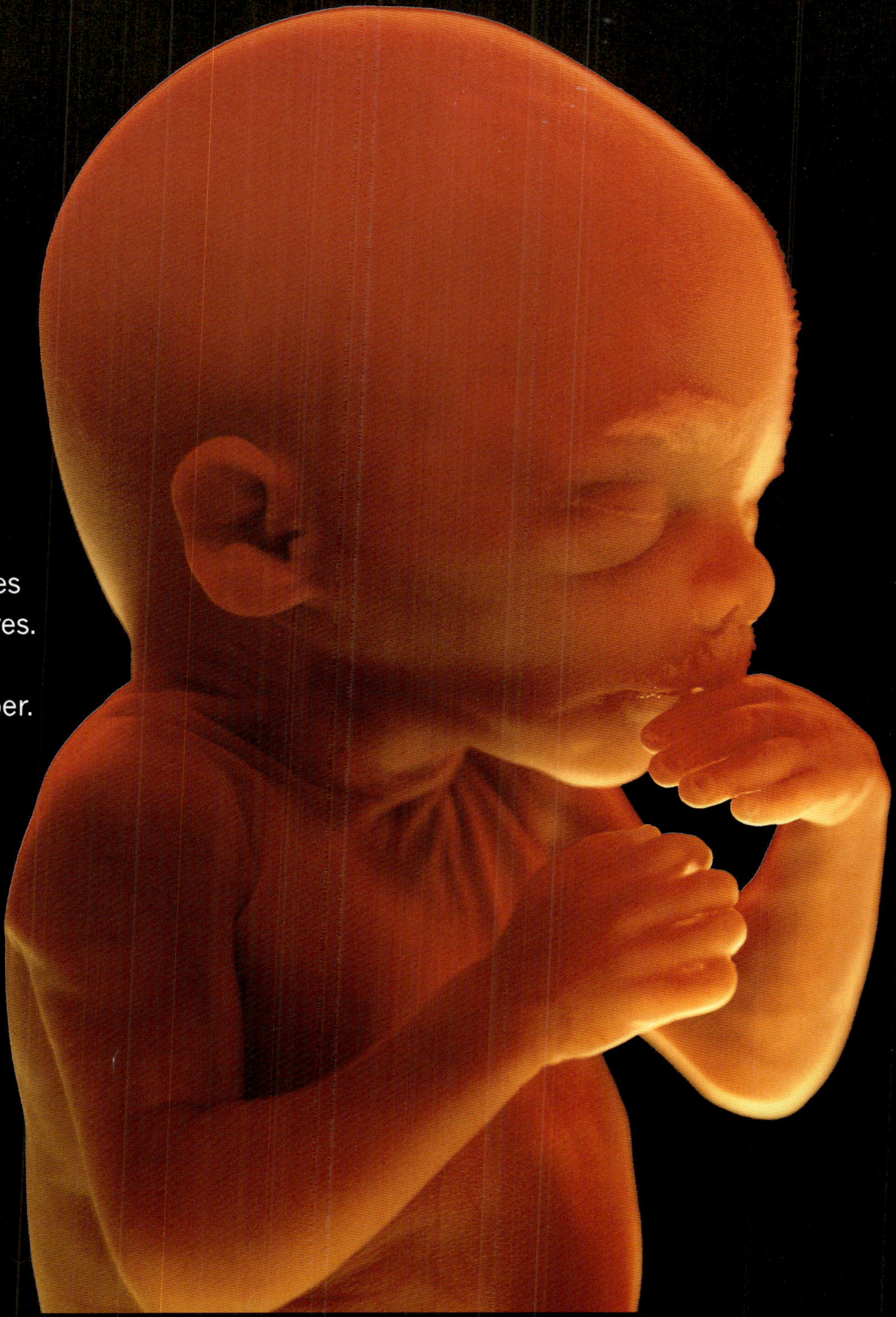

À 5 mois

Le bébé mesure 25 cm.
Son corps est entièrement formé. Sa peau est fripée.
Le bébé passe la plus grande partie de son temps à dormir.

Que ressent le bébé ?

Si on appuie légèrement sur le ventre de la maman, le bébé le sent.

Un bébé perçoit le goût de ce que mange sa maman.

Un bébé entend les voix et la musique autour de la maman.

Un bébé peut percevoir des lumières si elles sont très vives.

Voir le bébé

Grâce à l'échographie, on peut voir sur un écran des images d'un bébé qui se trouve dans le ventre de sa maman.

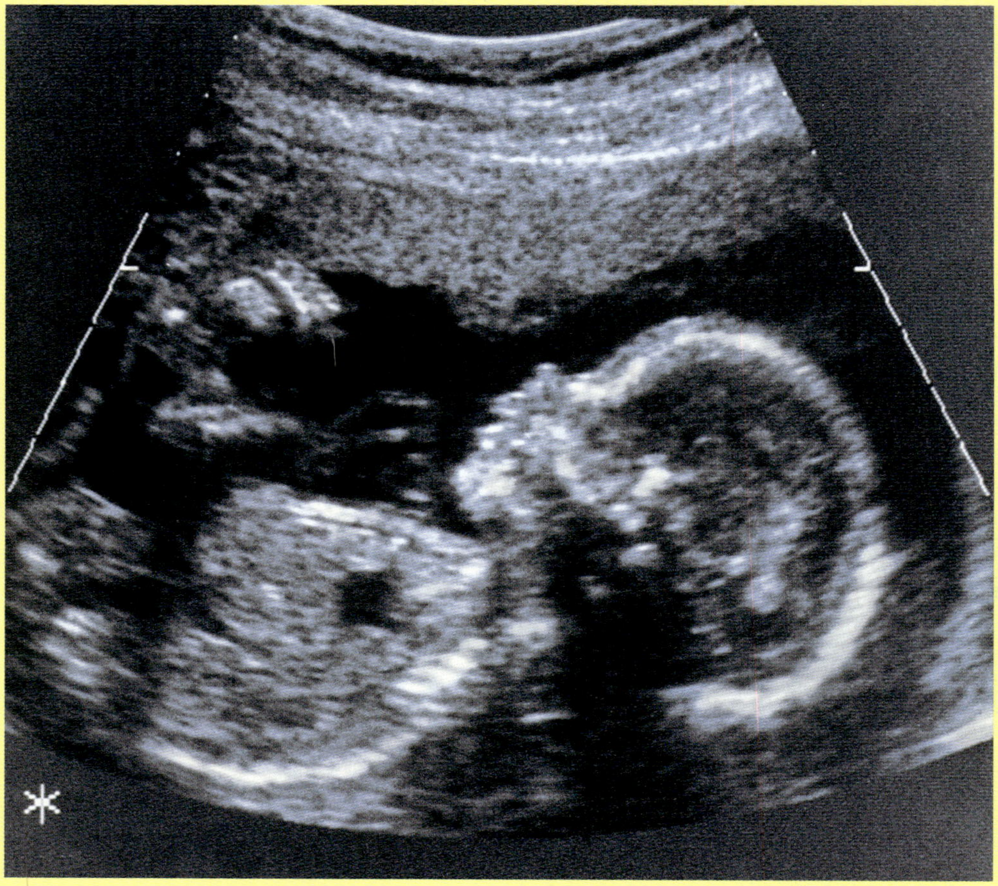

Cette photo est une échographie d'un bébé au cinquième mois. L'échographie permet de vérifier que tous les organes du bébé se développent bien.

Fille ou garçon?

Les ovules et les spermatozoïdes contiennent chacun 23 chromosomes*, dont 1 chromosome sexuel. Un ovule contient toujours un chromosome sexuel X, un spermatozoïde contient soit un chromosome sexuel X, soit un chromosome sexuel Y...

Si le spermatozoïde contient un chromosome Y, le bébé sera un garçon.

Si le spermatozoïde contient un chromosome X, le bébé sera une fille.

ÊTRE EN BONNE SANTÉ

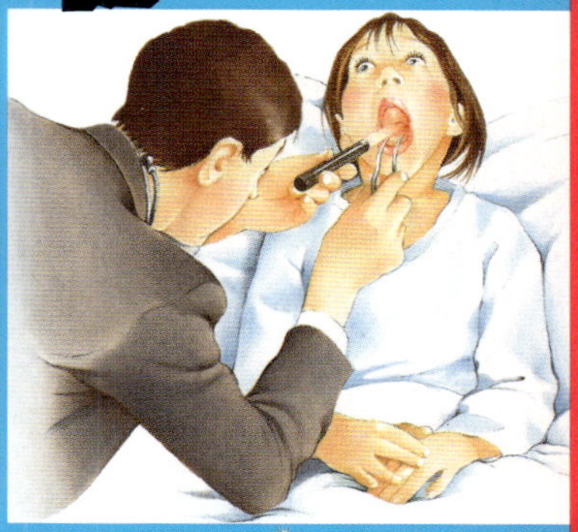

Le médecin soigne les maladies.

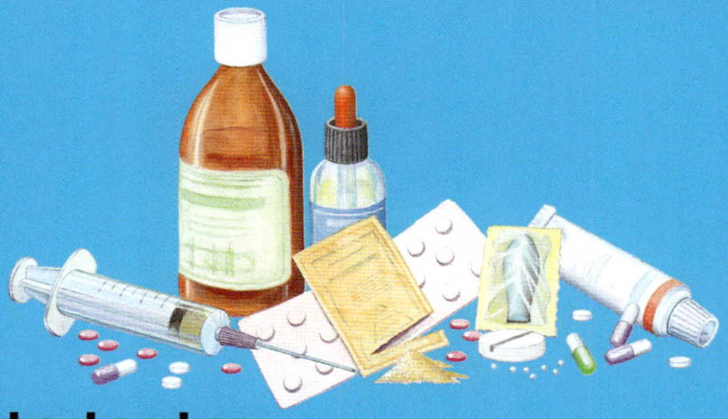

Il existe toutes sortes de médicaments.

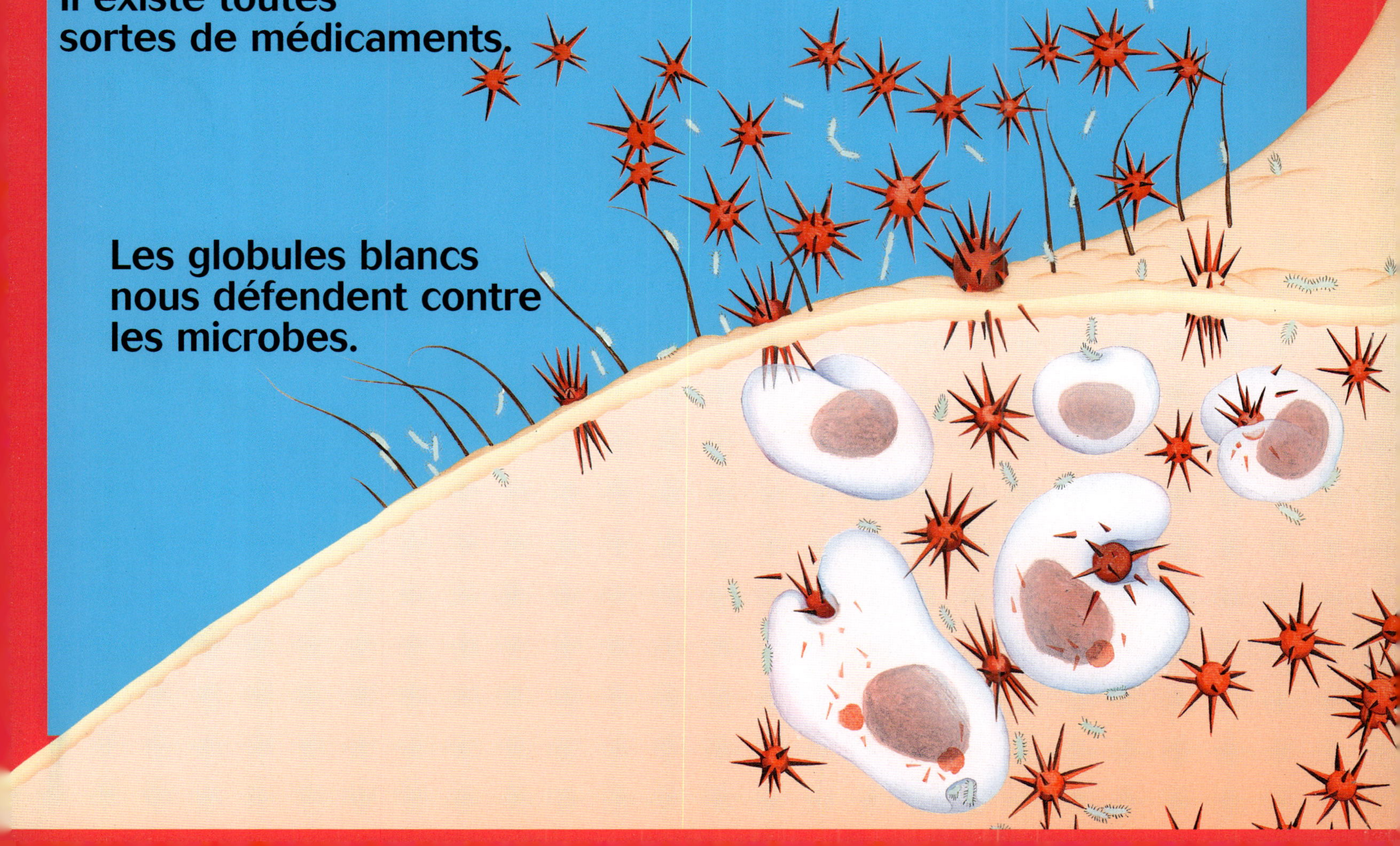

Les globules blancs nous défendent contre les microbes.

Les microbes

Beaucoup de maladies sont provoquées par des microbes. Les microbes sont des êtres vivants si petits qu'on ne peut les voir qu'au microscope.

Tomber malade

Les microbes sont présents un peu partout autour de nous. Certains sont nuisibles. Le corps se défend contre les microbes en les empêchant de s'introduire à l'intérieur de l'organisme et de s'y développer. Parfois, le corps n'arrive pas à bien se défendre : les microbes se multiplient et détruisent des cellules, c'est la maladie.

Le corps se défend

Le corps possède des barrières qui empêchent les microbes d'entrer et de s'installer. La peau constitue une première barrière. La salive contient des substances* qui détruisent les microbes. Des cils à l'intérieur du nez les repoussent.

?

Pourquoi, parfois, ne doit-on pas s'approcher des personnes malades ?
Parce que certaines maladies, comme la grippe, peuvent se transmettre d'une personne à l'autre. On dit que ces maladies sont contagieuses.

Comment ces maladies sont-elles contagieuses ?
Certains microbes se transmettent facilement par la salive : si le malade tousse ou parle en projetant de la salive, il peut transmettre ses microbes.

Est-ce que toutes les maladies sont dues à des microbes ?
Non, il existe beaucoup d'autres maladies. Mais les maladies provoquées par des microbes sont les plus fréquentes, surtout chez les enfants.

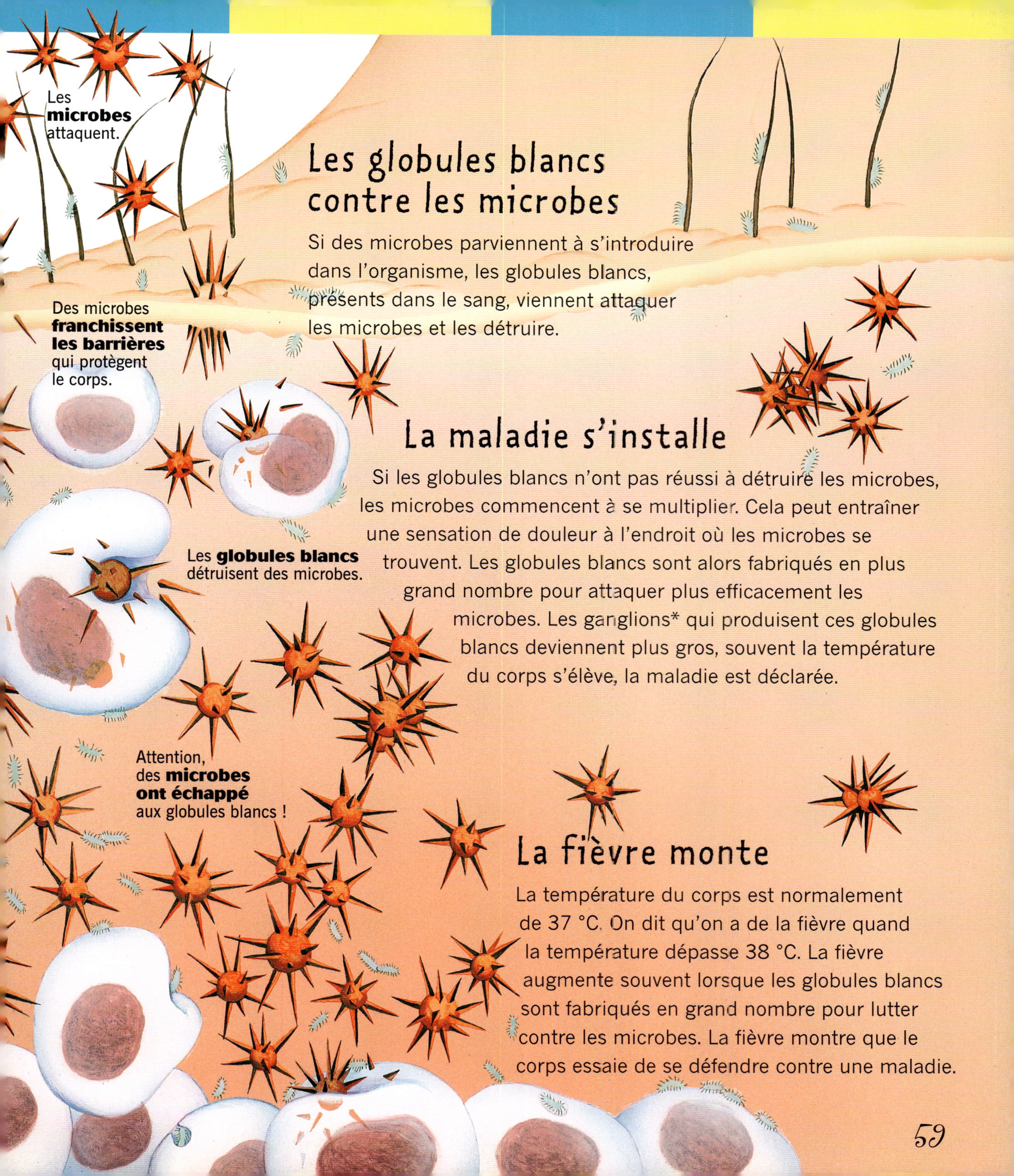

Les globules blancs contre les microbes

Si des microbes parviennent à s'introduire dans l'organisme, les globules blancs, présents dans le sang, viennent attaquer les microbes et les détruire.

La maladie s'installe

Si les globules blancs n'ont pas réussi à détruire les microbes, les microbes commencent à se multiplier. Cela peut entraîner une sensation de douleur à l'endroit où les microbes se trouvent. Les globules blancs sont alors fabriqués en plus grand nombre pour attaquer plus efficacement les microbes. Les ganglions* qui produisent ces globules blancs deviennent plus gros, souvent la température du corps s'élève, la maladie est déclarée.

La fièvre monte

La température du corps est normalement de 37 °C. On dit qu'on a de la fièvre quand la température dépasse 38 °C. La fièvre augmente souvent lorsque les globules blancs sont fabriqués en grand nombre pour lutter contre les microbes. La fièvre montre que le corps essaie de se défendre contre une maladie.

La visite chez le médecin

Le médecin soigne les personnes qui sont malades. Il pose des questions et examine les différentes parties du corps pour découvrir la maladie.

L'examen médical

Le médecin commence d'abord par poser des questions à son patient* : il lui demande s'il a mal quelque part, s'il a de la fièvre, s'il mange bien... Puis le médecin commence l'examen : il regarde s'il y a des boutons sur la peau, il palpe* le ventre et le reste du corps, il regarde la gorge. Le médecin recueille ainsi de nombreuses informations qui lui permettront de découvrir de quelle maladie son patient est atteint.

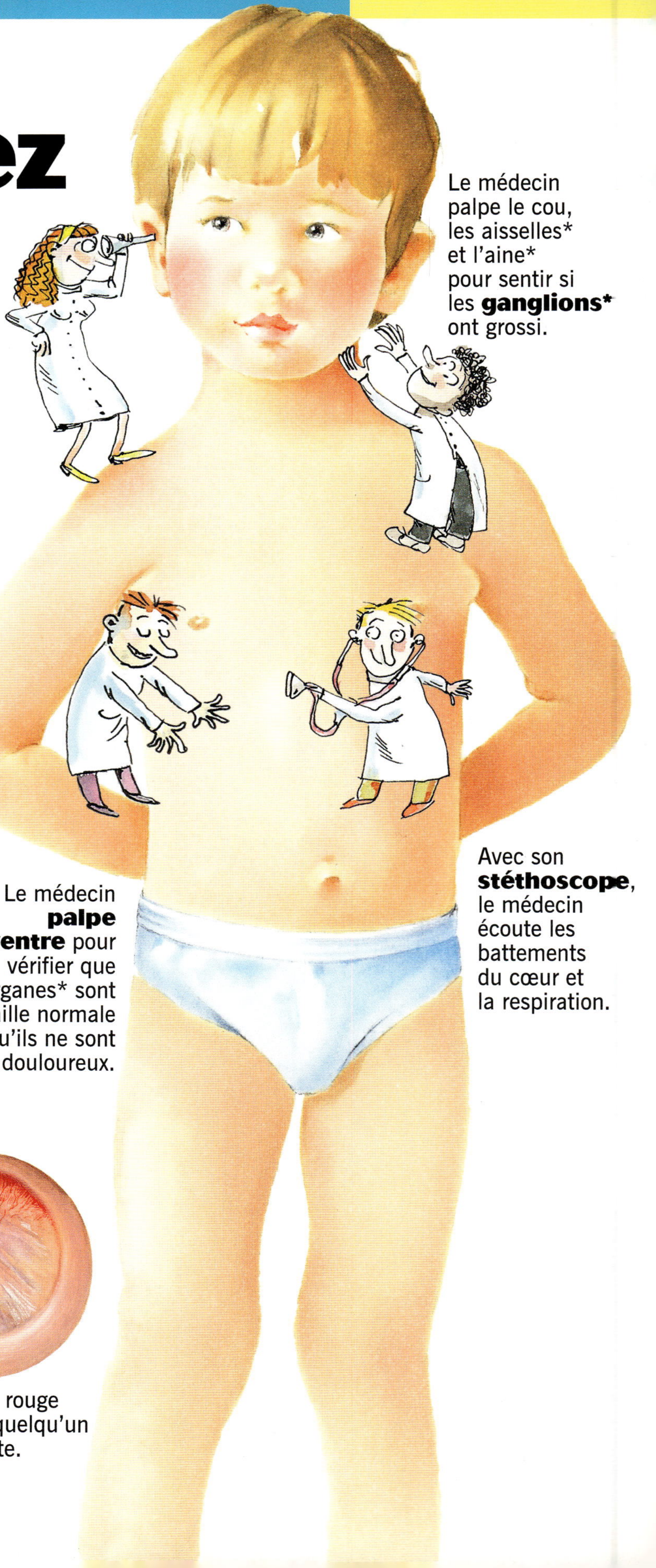

Le médecin palpe le cou, les aisselles* et l'aine* pour sentir si les **ganglions*** ont grossi.

Le médecin regarde à l'intérieur des oreilles avec un **otoscope**. C'est une petite lampe munie d'une loupe qui sert à observer le tympan. Si le tympan est rouge, gonflé, le malade a une otite.

Le médecin **palpe le ventre** pour vérifier que les organes* sont de taille normale et qu'ils ne sont pas douloureux.

Avec son **stéthoscope**, le médecin écoute les battements du cœur et la respiration.

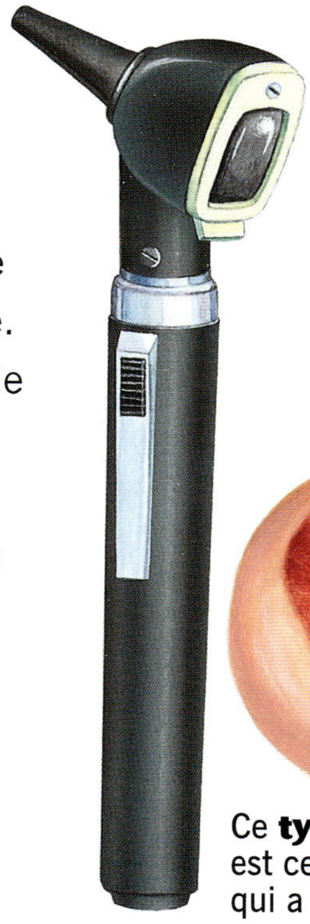

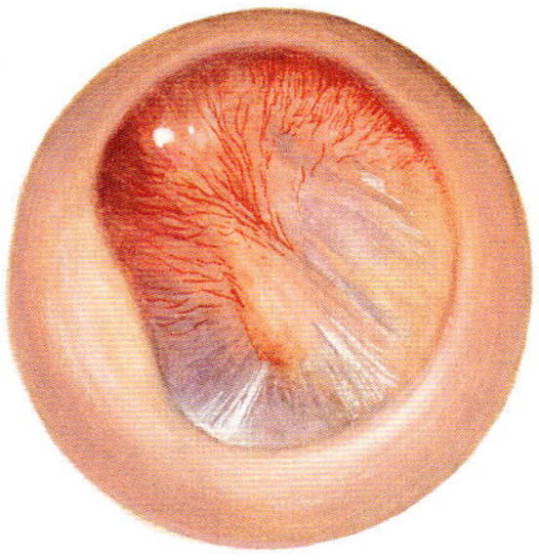

Ce **tympan** rouge est celui de quelqu'un qui a une otite.

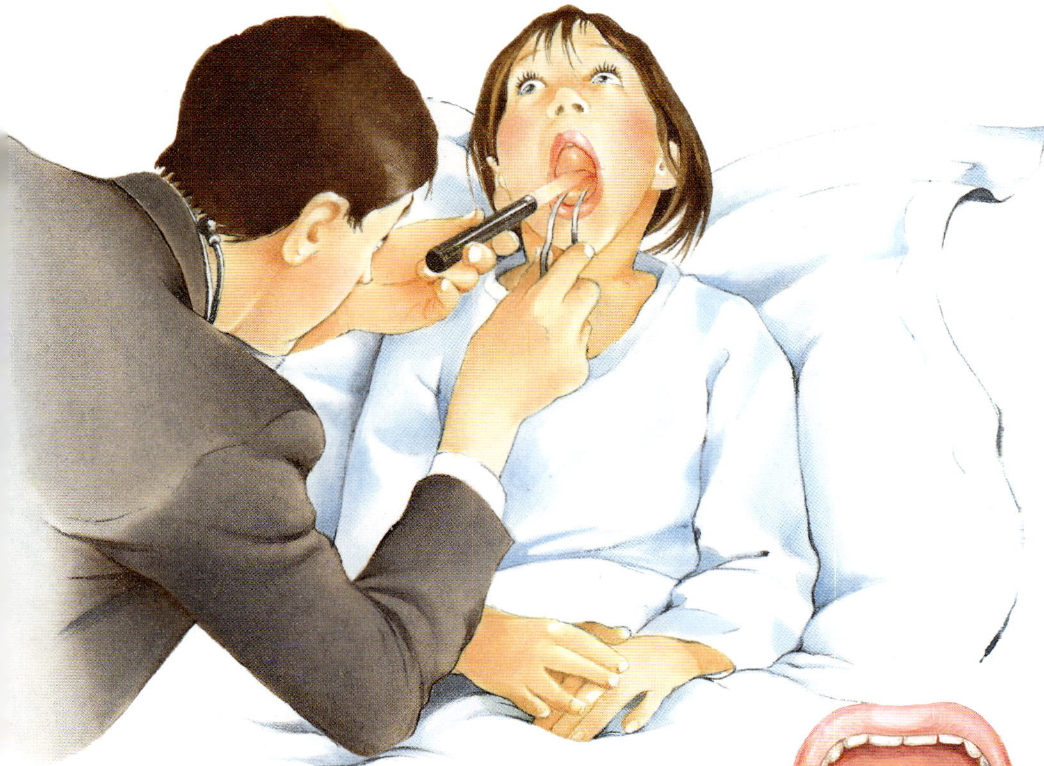

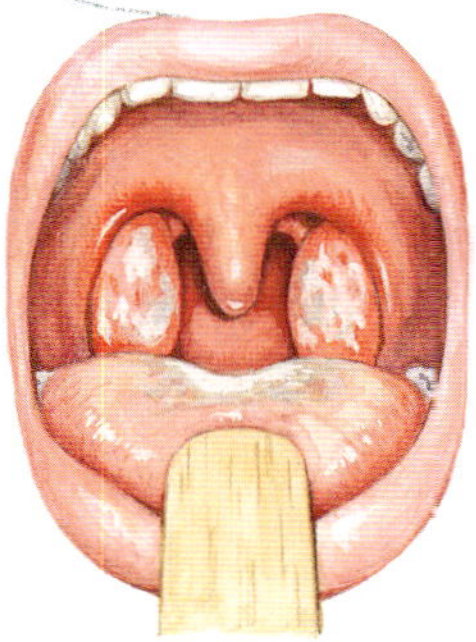

Le médecin regarde le fond de la gorge avec une **lampe**. Lorsque le malade a une angine, sa gorge est très rouge ou parsemée de points blancs.

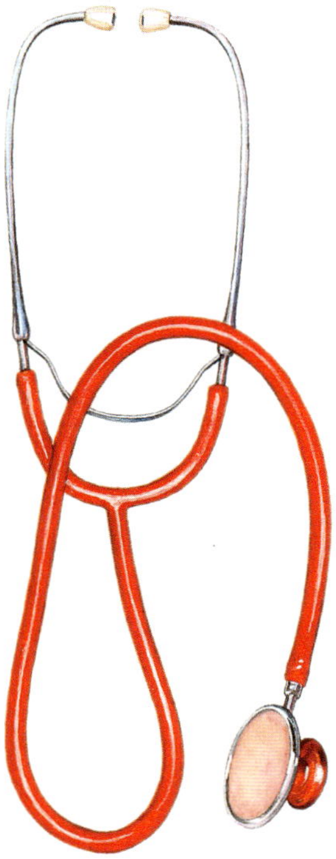

Avec son **stéthoscope**, le médecin vérifie que les battements du cœur sont réguliers et que les poumons font un bruit normal.

D'autres examens

Parfois, l'examen du malade ne suffit pas au médecin pour diagnostiquer* une maladie. Il doit alors obtenir d'autres informations en examinant, par exemple, les urines ou le sang. Pour examiner le sang, il faut faire une prise de sang : à l'aide d'une aiguille, on pique à travers la peau dans une veine et on recueille du sang dans un petit tube. D'autres examens sont parfois nécessaires pour observer l'intérieur du corps : les radiographies permettent de voir les os ou les poumons.

? Pourquoi existe-t-il plusieurs sortes de médecins ?
Certains médecins soignent toutes les maladies, on les appelle des médecins généralistes. D'autres médecins sont plus spécialisés. Ils soignent le cœur, la peau, les poumons...

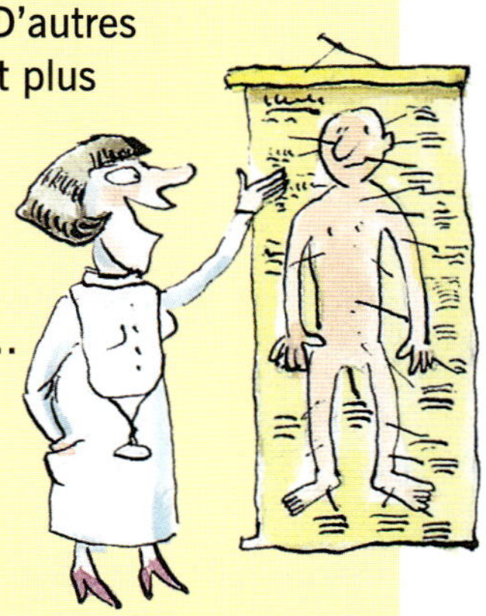

Qui sont ces médecins ?
Un médecin qui soigne le cœur s'appelle un cardiologue ; un médecin qui soigne la peau s'appelle un dermatologue... Il existe plus de vingt sortes de médecins différents.

Qu'est-ce qu'un pédiatre ?
Un pédiatre est un médecin qui soigne les enfants et suit leur développement.

Soigner les maladies

Lorsque le médecin a trouvé la maladie, il donne des médicaments pour la guérir.

Les médicaments

Certains médicaments soignent directement la maladie, par exemple les antibiotiques. Les antibiotiques sont des médicaments qui détruisent les bactéries. Les bactéries sont des microbes qui provoquent certaines infections. D'autres médicaments servent uniquement à calmer des signes de la maladie comme la douleur ou la fièvre. Il est important de faire descendre la fièvre car elle peut être dangereuse quand elle est trop élevée.

Les **poudres**, les **comprimés**, les **sirops** sont des médicaments qui s'absorbent par la bouche. Quand ils arrivent dans les intestins, ils passent dans le sang. Comme le sang circule dans tout le corps, les médicaments peuvent ainsi atteindre l'endroit où se trouvent les microbes.

On fait parfois des **piqûres** pour qu'un médicament aille directement dans le sang. C'est plus efficace et plus rapide.

Certains médicaments, comme les **pommades**, sont appliqués directement sur l'endroit qu'il faut traiter.

Les vaccins

Certaines maladies infectieuses* sont très graves. Des savants ont découvert un moyen de s'en protéger : les vaccins. Un vaccin contient un microbe très faible ou déjà mort. Le vaccin ne peut donc pas rendre malade. Mais, quand on introduit le vaccin dans le corps, les globules blancs attaquent aussitôt ce microbe. Et si le vrai microbe pénètre un jour dans le corps d'une personne vaccinée, les globules blancs se souviendront de la première attaque et le détruiront aussitôt.

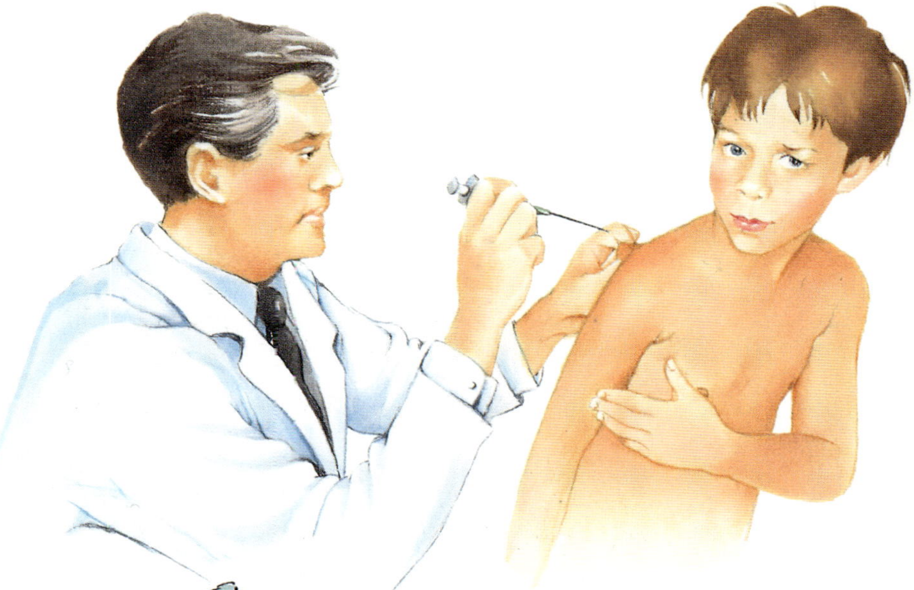

La plupart des **vaccins** sont faits sous forme de piqûre pour que le produit aille directement dans le sang.

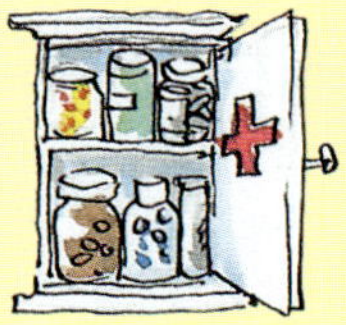

Pourquoi les enfants n'ont-ils pas le droit de toucher aux médicaments ?
Parce qu'il peut être très dangereux d'absorber une trop grande quantité de médicaments ou de prendre n'importe quel médicament.

Pourquoi ?
Pour guérir d'une maladie, il faut prendre une dose précise de médicaments. Si on en prend plus, ils deviennent dangereux. Par ailleurs, certains médicaments peuvent provoquer des troubles très graves.

Comment peut-on être sûr qu'un médicament n'est pas dangereux ?
Les médicaments qui présentent un risque ne sont vendus par le pharmacien que si l'on a une ordonnance d'un médecin.

Rester en bonne santé

Pour rester en forme, il faut bien se laver, faire du sport et aller régulièrement chez le médecin.

Bien se laver

Bien se laver protège des microbes. En effet, les microbes se développent beaucoup plus facilement sur des surfaces sales. La propreté ne concerne pas simplement chaque personne. Il faut aussi que les lieux collectifs soient bien nettoyés et que les eaux qui ont servi dans les toilettes ou à faire la lessive ou la vaisselle soient purifiées*.

Protéger ses dents

Les dents qui poussent après la chute des dents de lait sont des dents qu'on garde jusqu'à la fin de sa vie. Il faut donc soigneusement les protéger. Pour cela, il faut les brosser après chaque repas et éviter de manger trop de sucreries. Sinon, gare aux caries ! Une carie est un petit trou dans une dent. Elle grandit progressivement de l'émail jusqu'à la racine de la dent. Si la carie n'est pas soignée, elle risque de casser la dent ou même de la détruire.

UNE DENT SAINE

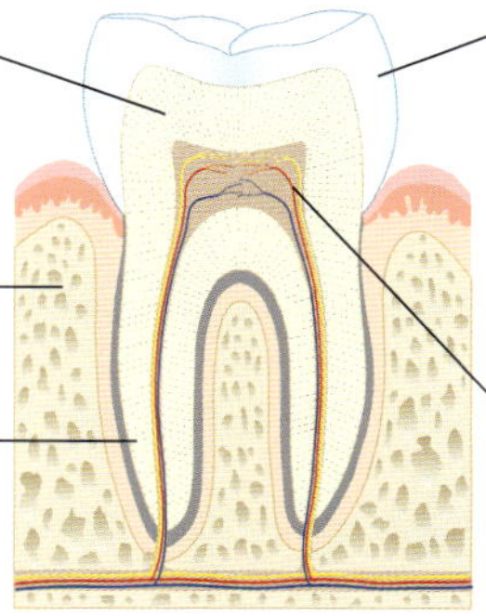

- La **dentine** est sous l'émail et ressemble à de l'os.
- L'**os de la mâchoire**
- La **racine** maintient solidement la dent dans l'os de la mâchoire.
- L'**émail** recouvre et protège la dent. C'est une substance* blanche et très dure.
- Les **vaisseaux sanguins** apportent de la nourriture à la dent.

UNE DENT CARIÉE

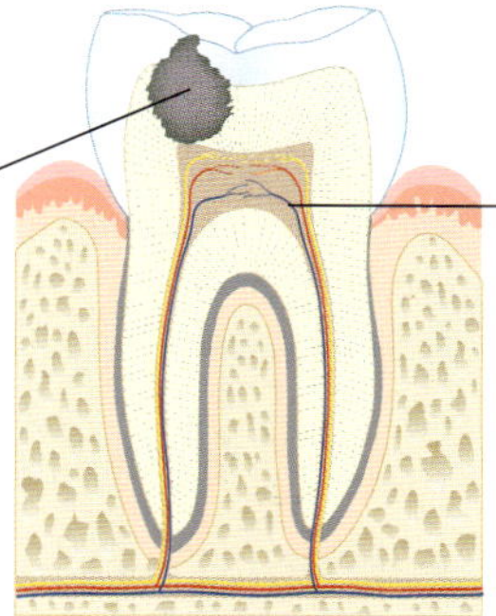

- Une **carie** est un trou dans la dent. Celui-ci traverse l'émail et la dentine mais n'a pas encore atteint le nerf.
- Quand une carie atteint le **nerf**, on a mal aux dents.

Faire du sport

Faire régulièrement du sport aide le corps à se maintenir en forme. Le sport rend nos muscles plus forts et plus toniques* et il permet à notre cœur d'être plus puissant. Le sport développe aussi la souplesse : ainsi, on risque moins de se faire mal quand on tombe.

Aller régulièrement chez le médecin

Le médecin ne se contente pas de soigner les personnes malades. Son rôle est aussi de surveiller les personnes en bonne santé. Le médecin vérifie que tous les organes* fonctionnent bien pour éviter qu'une maladie n'apparaisse ou pour la détecter avant qu'elle ne se développe. Il regarde aussi si on grandit normalement et il fait les vaccins.

Aller régulièrement chez le **dentiste** permet de vérifier qu'il n'y a pas de carie ou de la soigner avant qu'elle ne se développe.

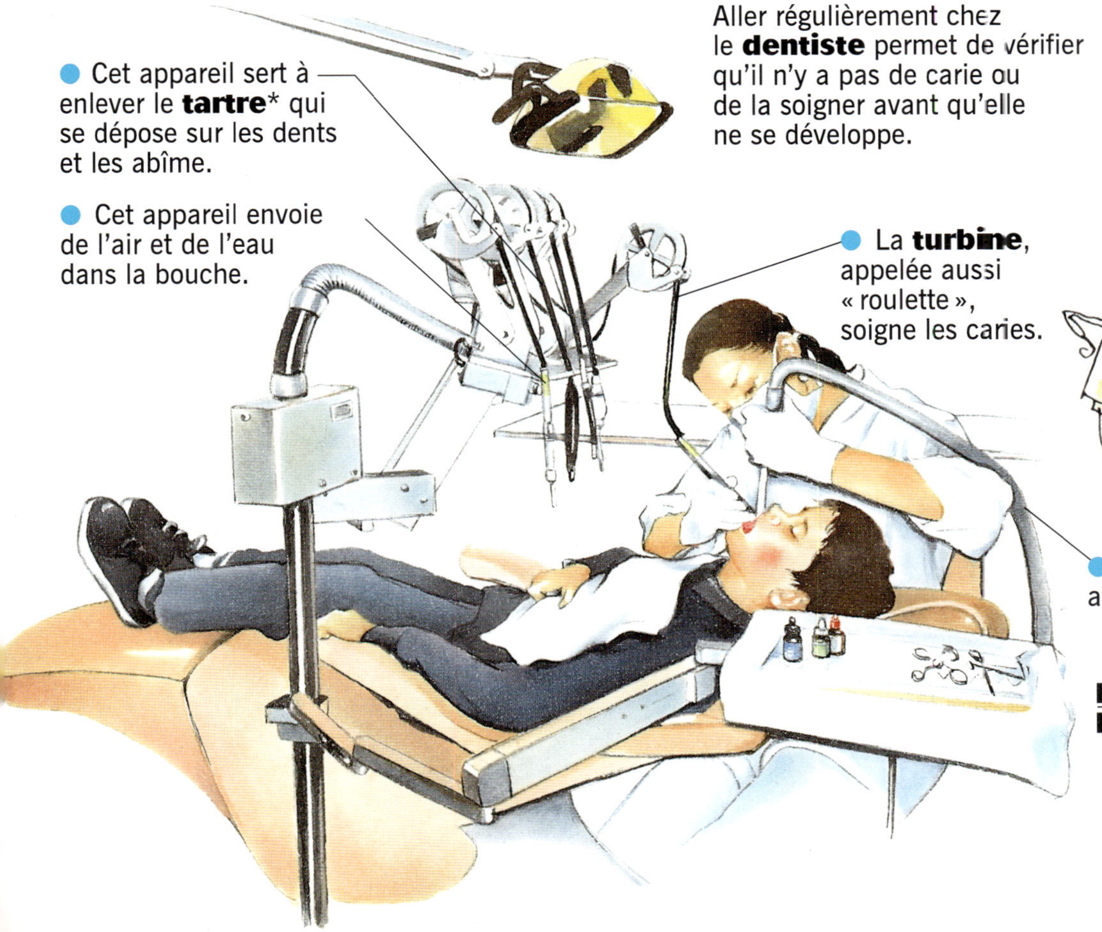

LES SOINS DU DENTISTE

? Est-ce qu'il existe des vaccins contre toutes les maladies graves ?
Les vaccins ne protègent que de certaines maladies graves, celles qui sont dues à des microbes.

Et contre les autres maladies graves ?
Il n'existe pas de vaccins, mais ces maladies sont extrêmement rares chez les enfants.

Pourquoi fait-on des rappels ?
Parce que les globules blancs ne gardent pas indéfiniment la mémoire de la maladie qu'ils doivent combattre.

Bien manger

Pour rester en bonne santé, il faut bien manger et, surtout, manger un peu de tout.

Le pain, les céréales, le riz et les pâtes sont la plus grosse partie de ce que l'on mange chaque jour. Ils apportent des sucres appelés **glucides**. Les glucides procurent au corps l'énergie dont il a besoin.

Les légumes et les fruits apportent les **vitamines**. Les vitamines sont des substances* dont le corps a besoin pour fonctionner normalement. Certaines aident à grandir, d'autres permettent au sang de former un caillot* quand on s'est coupé, d'autres aident à se protéger contre les infections...

Le lait, les yaourts et le fromage apportent du **calcium**. C'est le calcium qui rend les os solides.

Les viandes, les poissons et les œufs apportent des **protéines**. Les protéines sont les composants essentiels des cellules. Les protéines sont indispensables à la croissance du corps et à sa réparation.

Le beurre, la crème et l'huile apportent des **graisses**. La graisse sert de réserve d'énergie. Elle est stockée sous la peau et dans le foie. On a besoin de cette graisse mais en petite quantité.

Nous avons besoin de **boire** environ 2 litres d'eau par jour. Toutes les boissons apportent de l'eau, mais il vaut mieux ne pas abuser des boissons sucrées.

Les **sucreries** apportent de l'énergie, mais il ne faut pas trop en manger car elles font grossir et abîment les dents.

Pourquoi les adultes disent-ils toujours qu'il faut manger de tout ?
Parce que chaque aliment apporte quelque chose de différent dont le corps a besoin.

Pourquoi mange-t-on plus quand on fait du sport ?
Parce qu'on a plus besoin d'énergie. Or l'énergie est fournie principalement par la nourriture.

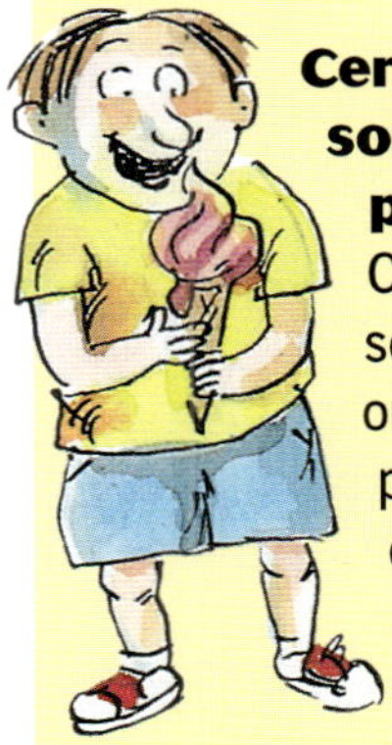

Certains aliments sont-ils mauvais pour la santé ?
Certains aliments sont mauvais quand on en mange trop : par exemple, l'excès d'aliments gras est mauvais pour le cœur ou peut faire trop grossir.

Bien dormir

Le sommeil est indispensable : il permet d'éliminer la fatigue de chaque journée. Un homme âgé de 75 ans aura passé environ 25 ans de sa vie à dormir !

Le cerveau ne dort pas

Apparemment, quelqu'un qui dort ne fait rien : ses yeux sont fermés, ses muscles sont relâchés, il respire plus lentement et ne réagit ni à la lumière ni aux bruits. Mais son cerveau reste très actif. En particulier, il continue à commander la digestion, la respiration et les battements du cœur.

Le sommeil permet de se reposer

Le sommeil permet d'éliminer la fatigue de la journée et de retrouver de l'énergie. Le sommeil est aussi probablement important pour la mémoire. Quand on ne dort pas assez, on a souvent du mal à se concentrer, à apprendre. On peut aussi être irritable.

Le sommeil, c'est le moment des rêves

Les rêves sont des histoires que le cerveau invente pendant qu'on dort. Parfois, on a l'impression de ne pas avoir rêvé parce qu'on ne se souvient pas de ses rêves. Pourtant, on rêve toujours pendant son sommeil. Les rêves qui font peur sont appelés des cauchemars. Ils peuvent nous réveiller. Heureusement, ils disparaissent dès que nous nous réveillons.

Les phases du sommeil

Pendant notre sommeil, nous ne dormons pas toujours de la même façon. Au départ, le moindre bruit nous réveille, notre sommeil est léger. Puis notre sommeil devient très profond, il est difficile de nous réveiller. Il y a aussi le moment où l'on rêve. Ces trois moments forment un cycle qui dure environ deux heures. Les cycles se succèdent les uns aux autres jusqu'au réveil.

? Combien de temps faut-il dormir chaque nuit ?
Les bébés dorment beaucoup, de 16 à 17 heures par jour. Vers 7 ans, les enfants doivent dormir environ 11 heures. Les adultes ont besoin de dormir environ 8 heures.

Est-ce que toutes les personnes dorment le même nombre d'heures ?
Non, certaines personnes ont besoin de dormir beaucoup pour être en forme, d'autres un peu moins.

Qu'est-ce qu'un somnambule ?
Un somnambule est une personne qui se lève et qui marche pendant qu'elle dort.

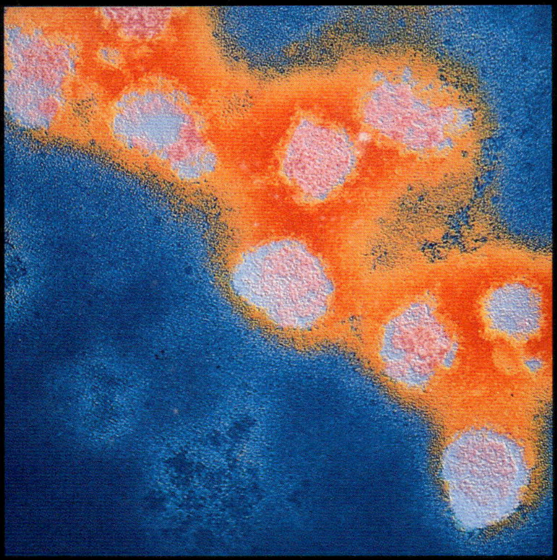

Le virus de la rubéole est dangereux pour le bébé d'une femme enceinte.

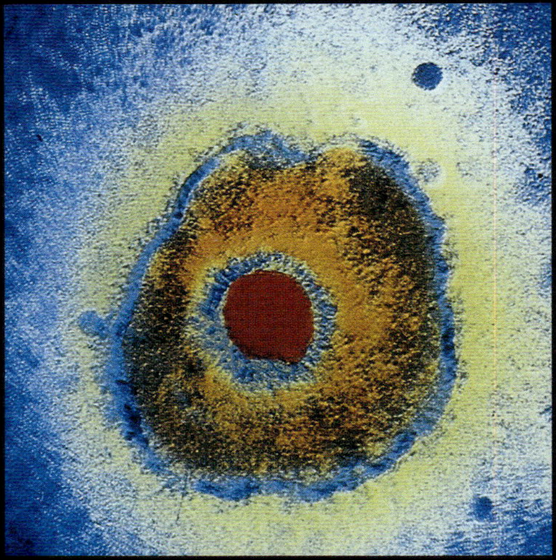

Ce virus est celui de la varicelle. Cette maladie qui provoque une éruption de boutons atteint surtout les enfants.

Les virus

Les virus sont des microbes qui ne peuvent pas vivre tout seuls. Ils envahissent nos cellules saines et les utilisent pour vivre et se multiplier.

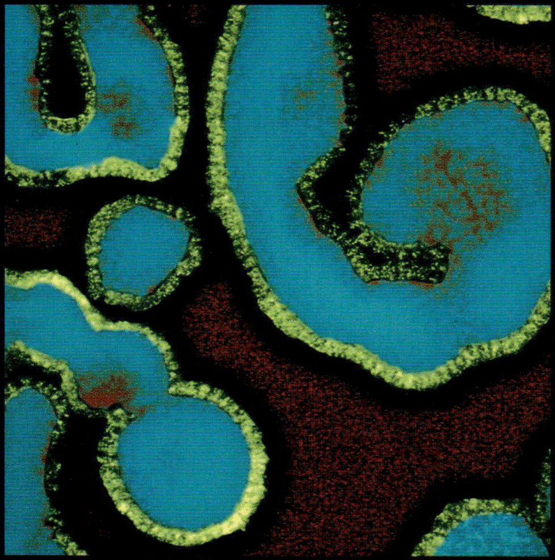

Ce virus est celui de la grippe. Il existe de nombreux virus de la grippe. Certains peuvent être dangereux.

Ce virus est celui de la poliomyélite. Grâce au vaccin, ce virus a pratiquement disparu.

VRAI ou FAUX

FAUX **Les carottes rendent aimables.** Les carottes contiennent de la carotène qui donne une jolie couleur à la peau.

FAUX **La soupe fait grandir.** Les légumes de la soupe contiennent des vitamines et des fibres qui aident à digérer.

VRAI **Il faut bien mâcher avant d'avaler.** Les aliments seront bien imprégnés de salive et plus faciles à digérer.

Les bobos au quotidien

Les piqûres d'insectes

Quand les insectes nous piquent, ils nous injectent du venin. La peau réagit en gonflant.

Les bosses

Quand on se cogne sur une partie dure du corps, la peau se gorge de liquide et elle enfle.

Les oreilles bouchées

Quand la pression de l'air change, par exemple quand on est dans un ascenseur qui monte très vite, la pression n'est plus la même à l'extérieur et à l'intérieur de l'oreille et les oreilles se bouchent pendant un court moment.

Les bleus

Quand on se cogne, des vaisseaux sanguins éclatent parfois et du sang se répand sous la peau.

Les mots du corps

Les yeux plus gros que le ventre

Quand on aime quelque chose, on veut en prendre beaucoup, mais on n'arrive pas à tout manger.

Se prendre pour le nombril du monde

C'est se croire au centre des préoccupations de tout le monde.

Prendre ses jambes à son cou

C'est courir très vite quand on a peur.

Avoir la langue bien pendue

C'est parler facilement et parfois même un peu trop.

AVOIR LE BRAS LONG

C'est connaître beaucoup de gens et avoir de l'influence.

Glossaire

A

Aine : L'aine est la partie du corps qui se trouve entre le haut de la cuisse et le bas du ventre.

Aisselle : L'aisselle est le creux que l'on a sous le bras.

B

Babil : Le babil, c'est les sons prononcés par les bébés avant qu'ils sachent dire des mots.

C

Caillot sanguin : Un caillot sanguin est une petite masse de sang coagulé.

Cellule : Une cellule est le plus petit élément constitutif d'une matière vivante.

Chromosome : Un chromosome est un élément du noyau des cellules. Il contient les gènes.

Cicatrisation : La cicatrisation, c'est la guérison d'une plaie.

Coagulation : La coagulation, c'est devenir pâteux, se solidifier.

Corde vocale : Les cordes vocales sont des membranes musculaires situées dans la gorge. Elles permettent de produire des sons.

Cordon ombilical : Le cordon ombilical est un cordon qui relie le bébé au placenta de sa mère. Il apporte au bébé de l'oxygène et de quoi se nourrir.

Croissance : La croissance, c'est le fait de grandir.

D

Désagréger : Se désagréger c'est se détruire peu à peu.

Diagnostiquer : Diagnostiquer, c'est reconnaître une maladie.

E

Embryon : Au cours des trois premier mois dans le ventre de sa mère, le bébé s'appelle un embryon.

Évaporation : L'évaporation, c'est la transformation d'un liquide en vapeur.

F

Fibre : Une fibre est un petit élément de forme fine et allongée.

Fœtus : Un embryon humain de plus de trois mois s'appelle un fœtus.

G

Ganglion : Un ganglion est un petit organe situé sous la peau au niveau des aisselles, de l'aine, du cou. Un ganglion qui enfle signale une infection.

Gène : Un gène est un élément du chromosome qui porte et transmet un caractère héréditaire.

Grossesse : La grossesse est la période de neuf mois durant laquelle une femme attend son bébé.

H

Héréditaire : Un caractère héréditaire se transmet des parents aux enfants.

L

Liquide amniotique : Le liquide amniotique est le liquide dans lequel le bébé baigne à l'intérieur du ventre de sa mère.

M

Maladie infectieuse : Une maladie infectieuse est une maladie provoquée par des microbes.

Membrane : Une membrane est un tissu souple et mince qui entoure un organe ou une cellule.

Microbe : Un microbe est un minuscule organisme vivant qui provoque les maladies infectieuses.

Mue : La mue, c'est le changement de la voix d'un adolescent.

Muscles antagonistes : Les muscles antagonistes sont des muscles qui ont une action contraire.

O

Organe : Un organe est une partie du corps qui a une fonction particulière.

Organisme : L'organisme, c'est l'ensemble des organes du corps humain.

Ovaire : Les ovaires sont les organes où se forment les ovules.

Ovule : L'ovule est une cellule femelle qui se forme dans l'ovaire et qui sert à la reproduction.

Oxygène : L'oxygène est un gaz très répandu dans la nature, en particulier dans l'air qu'on respire.

P

Palper : Palper, c'est toucher plusieurs fois avec la main pour examiner quelque chose.

Patient : Un patient est un client d'un médecin.

Pigment : Un pigment est une substance contenue dans un organisme vivant qui lui donne sa couleur.

Placenta : Le placenta est un organe accroché à la paroi de l'utérus. Il protège le bébé et lui permet de se nourrir dans le ventre de sa mère.

Purifier : Purifier, c'est débarrasser un liquide ou l'air de ce qui est sale.

R

Récepteur : Un récepteur permet de recevoir des impressions venant de l'extérieur.

Réflexe : Un réflexe est un mouvement automatique et immédiat d'une partie du corps en réponse à une action. C'est un geste très rapide que l'on fait sans réfléchir.

Reproduction : La reproduction, c'est le fait de donner naissance à d'autres êtres vivants de son espèce.

S

Sage-femme : Une sage-femme est une personne dont la profession consiste à assister les femmes lors des accouchements et qui, parfois, les suit pendant leur grossesse.

Spermatozoïde : Un spermatozoïde est une cellule mâle qui sert à la reproduction.

Squelette : Le squelette, c'est l'ensemble des os du corps.

Substance : Une substance est une matière solide, liquide ou gazeuse.

T

Tartre : Le tartre est une matière jaunâtre qui se dépose sur les dents.

Testicule : Les testicules sont les organes qui produisent les spermatozoïdes.

Tissu : Un tissu est un ensemble de cellules qui ont une même structure et une même fonction.

Tonique : Une chose tonique rend l'organisme plus fort.

Utérus : L'utérus est l'organe de la femme dans lequel se développe le bébé.

V

Vaisseau sanguin : Un vaisseau sanguin est un petit canal qui sert à la circulation du sang.

Index

Crédits photographiques

p. 22	Motta/Correr/S.P.L.-Cosmos
p. 23-h	D. Scharf/S.P.L.-Cosmos
p. 23-bd	M. Dohrn/S.P.L.-Cosmos
p. 23-bg	Burgess/S.P.L.-Cosmos
p. 24-hg	E. Haas-Fotogram-Stone Images
p. 24-hm	A. Booher-Fotogram-Stone Images
p. 24-hd	A. Wolfe-Fotogram-Stone Images
p. 24-mg	Bushnell/Soifer-Fotogram-Stone Images
p. 24-mm	M. Williams-Fotogram-Stone Images
p. 24-md	E. Simpson-Fotogram-Stone Images
p. 24-bg	D. Neele-Fotogram-Stone Images
p. 24bm	A. Wolfe-Fotogram-Stone Images
p. 24bd	A. Wolfe-Fotogram-Stone Images
p. 38	F. Soltan-Sygma
p. 39	Keystone-Sygma
p. 40-g	R. Mcclenaghan/S.P.L-Cosmos
p. 40-d	Pr S. Cinti/Université d'Ancône-CNRI
p. 54-g	F. Leroy/S.P.L.-Cosmos
p. 54-m	N. Harding-Fotogram-Stone Images
p. 54-d	J. Stevenson/S.P.L.-Cosmos
p. 56	Med. Illus. SBHA-Fotogram-Stone Images
p. 70-hg	N.I.B.S.C./S.P.L.-Cosmos
p. 70-hd	CNRI
p. 70-bg	Dr D. Kunkel/Phototake-CNRI
p. 70-bd	J. Cardmore/BPS-Fotogram-Stone Images
Couverture	N. Harding-Fotogram-Stone Images

N° d'éditeur 10110082 - Dépôt légal : mars 2004
Imprimé en Italie par G. Canale & C. S.p.A. (Turin)

 ISBN 2-03-565022-4
Photogravure Dupond, Paris
Conforme à la loi numéro 49 956 du 16 juillet 1949 sur les publications destinées à la jeunesse.